农村金融创新团队系列丛书

陕西省农户借贷行为研究

牛 荣 著

中国金融出版社

责任编辑：孔德蕴　王素娟
责任校对：孙　蕊
责任印制：丁淮宾

图书在版编目（CIP）数据

陕西省农户借贷行为研究（Shanxisheng Nonghu Jiedai Xingwei
Yanjiu）/牛荣著. —北京：中国金融出版社，2015.6
（农村金融创新团队系列丛书）
ISBN 978 - 7 - 5049 - 7951 - 3

Ⅰ.①陕…　Ⅱ.①牛…　Ⅲ.①农户—借贷—研究—陕西省
Ⅳ.①F832.43

中国版本图书馆 CIP 数据核字（2015）第 103466 号

出版
发行　中国金融出版社

社址　北京市丰台区益泽路 2 号
市场开发部　（010）63266347，63805472，63439533（传真）
网上书店　http://www.chinafph.com
　　　　　　（010）63286832，63365686（传真）
读者服务部　（010）66070833，62568380
邮编　100071
经销　新华书店
印刷　利兴印刷有限公司
尺寸　169 毫米 ×239 毫米
印张　13.5
字数　201 千
版次　2015 年 6 月第 1 版
印次　2015 年 6 月第 1 次印刷
定价　32.00 元
ISBN 978 - 7 - 5049 - 7951 - 3/F.7511
如出现印装错误本社负责调换　联系电话（010）63263947

序言一

　　农村金融是农村经济发展的"润滑剂"，农村金融市场是农村市场体系的核心。党和国家历来重视农村金融发展，党的十八届三中全会明确提出了扩大金融业对内对外开放，在加强监管的前提下，允许具备条件的民间资本依法发起设立中小型银行等金融机构，进一步发展普惠金融，鼓励金融创新，丰富农村金融市场层次和产品，同时赋予农民对承包地占有、使用、收益、流转及承包经营权抵押、担保权能，为下一步农村金融改革指明了方向。2004—2014 年连续 11 个中央"一号文件"从不同角度提出了加快农村金融改革、完善农村金融服务、推动农村金融制度创新，这些农村金融改革创新的政策、决定对建立现代农村金融市场体系、完善农村金融服务、提升农村金融市场效率起到了积极的推动作用。但是，当前农村金融发展现状距离发展现代农业、建设社会主义新农村和全面建成小康社会的目标要求仍有较大差距，突出表现在：农村金融有效供给不足且资金外流严重、农村金融需求抑制、市场竞争不充分、市场效率低下、担保抵押物缺乏等，农村金融无法有效满足当前农村发展、农业增产和农民增收的现实需要。进一步推动农村金融改革、缓解农村金融抑制、加快农村金融深化、鼓励农村金融创新以及提升农村金融服务效率，任重道远。

　　根据世界各国经济发展的经验，在城市化进程中，伴随着各类生产要素不断向城市和非农产业的流动，农村和农业必然会发生深刻的变化。改革开放以来，中国经济取得了举世瞩目的成就，农村经济体制改革极大地调动了亿万农民的积极性，经济活力显著增强。经济快速发展的同时，城乡发展不平衡、城乡收入差距扩大、农村经济落后等问题也日渐凸显，"三农"问题则是对这些突出矛盾的集中概括。"三农"问题事关国家的发展、安全、稳定和综合国力的提升，历来是党和政府工作的重中之重。金融是现代经济的核心，农村金融发展对农村经济发展至关重要，解决"三农"问题离不开农村金融支持。由于中国农村金融不合理的制度安排，农村金融抑制现象严重，农村金融与农村经济并未形成互动共生、协调发展的局面，农村金融资源配置功能并未真正得到发挥，滞后的农村金融在一定程度上抑制了农村经济的发展。

1978年改革开放至今，农村金融改革的步伐不断加快，经历了农村金融市场组织的多元化和竞争状态的初步形成、分工协作的农村金融体系框架构建、农村信用社主体地位的形成以及探索试点开放农村金融市场的增量改革四个阶段。农村金融改革取得初步成效，多层次、多元化、广覆盖的农村金融体系基本形成，农村金融供求矛盾逐步缓解，农村金融服务水平显著提高，农村金融机构的经营效率明显提升，农村信用环境得到有效改善。然而，农村金融仍然是农村经济体系中最为薄弱的环节，资金约束仍然是制约现代农业发展和新农村建设的主要的"瓶颈"。在统筹城乡发展、加快建设社会主义新农村以及推进现代农业发展的大背景下，农村金融如何适应农村及农业环境的快速变化、如何形成"多层次、广覆盖、可持续"的农村金融体系、如何破解农村"抵押难、担保难、贷款难"的困境，推动农村金融更好地为农村经济发展服务，让改革的红利惠及6.5亿农民，依然是需要研究和解决的重大课题。

可喜的是，在西北农林科技大学，以罗剑朝教授为带头人的科研创新团队，2011年12月以"西部地区农村金融市场配置效率、供求均衡与产权抵押融资模式研究"为主攻方向，申报并获批教育部"长江学者和创新团队发展计划"创新团队项目（项目编号：IRT1176）。近3年来，该团队紧紧围绕农村金融这一主题，对农村金融领域的相关问题进行长期、深入调查和分析，先后奔赴陕西、宁夏等地开展实地调研10余次，实地调查农户5 000余户、涉农企业500余家，走访各类农村金融机构50余家，获得了大量的实地调研数据和第一手材料。同时，还与中国人民银行西安分行、中国人民银行宁夏分行、陕西农村信用社联合社、杨凌示范区金融工作办公室、杨凌示范区农村商业银行、高陵县农村产权交易中心等机构签订了合作协议，目前已拥有杨凌、高陵和宁夏同心、平罗4个农村金融研究固定观察点。针对调查数据和资料，该团队对西部地区农村金融问题展开了系统深入的研究，通过对西部地区农村金融市场开放度与配置效率评价、金融市场供求均衡、农村产权抵押融资试验模式等的研究，提出以农村产权抵押融资、产业链融资为突破口的农村金融工具与金融模式的创新方案，进而形成"可复制、易推广、广覆盖"的现代农村金融体系，能够为提高农村金融市场配置效率及农村金融改革政策的制定和实施提供依据。本项目调查研究取得了比较丰硕的科研成果，其中一部分纳入本套系列丛书以专著的形式出版。虽然其中的部分观点可能还有待探讨和商榷，但作者敏锐的观察视角、务实的研究作风、扎实的逻辑推导、可靠的数据基础，使得研究成果极具原创性和启发性，这些成果的出版，必然会对深刻认识农村金融现实、把握农村金融的运作规律提供有益的依据参考和借鉴。

实现全面建成小康社会的宏伟目标，最繁重、最艰巨的任务在农村。要解决农村发展问题，需要一大批学者投入到农村问题的研究当中，以"忧劳兴国"的精神深入农村，深刻观察和认识农村，以创新的思维发现和分析农村经济发展中的问题，把握农村经济发展的规律，揭示农业、农村、农民问题的真谛，以扎实的研究结论为决策部门提供参考，积极推动农村经济又好又快发展，不辱时代赋予的历史使命。

我相信，此套《农村金融创新团队系列丛书》的出版，对于完善西部地区农村金融体系，提高西部地区农村金融市场配置效率，推动西部地区农村经济社会发展具有重要意义。同时我也期待此套丛书的出版，能够引起相关政策的制定者、研究者和实践者对西部地区农村金融及农村金融改革问题的关注、积极参与和探索，共同推进西部地区农村金融改革的创新和金融市场配置效率的提高。

是为序。

中央财经领导小组办公室副主任、研究员　韩俊

二〇一五年三月二十六日

序言二

　　金融是现代经济的核心，农村金融是现代金融体系的重要组成部分，是中国农业现代化的关键。当前，我国人均国民生产总值（GDP）已超过4 000美元，总量超过日本，成为世界第二大经济体。如何在新的发展阶段特别是在工业化、信息化、城镇化深入发展中同步推进农业现代化，构建起由市场配置各种要素、公共资源均衡覆盖、经济社会协调发展的新型工农关系、城乡关系，破解推进农业现代化的金融难题和资金"瓶颈"，是实现"中国梦"绕不过去的难题。

　　改革开放以来，党中央、国务院先后制定并出台了一系列促进农业和农村发展的政策与文件，在农村金融领域进行了深入的探索，特别是党的十八大、十八届三中全会提出"完善金融市场体系"、"发展普惠金融"、"赋予农民对承包地占有、使用、收益、流转及承包经营权抵押、担保权能"，农村金融产品与服务方式创新变化，农户和农村中小企业金融满足度逐步提高，农村金融引领和推动农村经济社会发展的新格局正在形成。但是，客观地说，农村信贷约束，资金外流，农村金融供给与需求不相适应、不匹配等问题依然存在，高效率的农村资本形成机制还没有形成，农村金融与农村经济良性互动发展的新机制尚待建立，农村金融依然是我国经济社会发展的一块短板，主要表现在以下几个方面：

　　1. 金融需求不满足与资金外流并存。据调查，农户从正规金融机构获得的信贷服务占30%左右，农村中小企业贷款满足度不到10%。同时，在中西部地区，县域金融机构存贷差较大，资金外流估计在15%～20%。农村资金并未得到有效利用，农村金融促进储蓄有效转化为投资的内生机制并没有形成。

　　2. 农村金融需求具有层次性、差异性与动态性，不同类型农户和中小企业金融需求存不同，多层次的农村金融机构与农村金融需求主体供求对接的有效机制尚待形成。农户资金需求具有生产性、生活性并重且以生活性为主的特点，农村中小企业多属小规模民营企业，对小额信贷需求强烈，加之都没有符合金融机构要求的抵（质）押品，正规金融服务"断

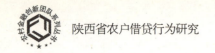

层"现象依然存在。

3. 农村金融市场供求结构性矛盾突出，市场垄断、过度竞争与供给不足同时并存。从供给角度看，农村金融的供给主体以农业银行、农村信用社、邮储银行等正规金融为主，其基本特征是资金的机会成本较高、管理规范、要求的担保条件比较严格；从需求的角度看，农村金融需求主体的收入、资产水平较低，借贷所能产生的利润水平不高，且其金融交易的信息不足。尽管存在着借款意愿和贷款供给，但供求双方的交易却很难达成，金融交易水平较低。因此，要消除这种结构性供求失衡，就要充分考虑不同供给与需求主体的特点及它们之间达成交易的可能性，采取更加积极的宏观政策与规范，建立多层次、全方位、高效率、供求均衡的现代农村金融体系。

必须改变用城市金融推动农村金融的理念和做法，以及单方面强调金融机构的调整、重组和监管的政策，从全方位满足"三农"金融需求和充分发挥农村金融功能的视角，建立农村金融供求均衡的、竞争与合作有效耦合的现代农村金融体系。按照农村金融供求均衡理念，对农村金融机构服务"三农"和农村中小企业做适当市场细分，实现四个"有效对接"，推进农村金融均衡发展。

第一，实现正规金融供给与农业产业化龙头企业金融需求的有效对接。由于农村正规金融机构的商业信贷供给与农业产业化龙头企业的金融需求相适应，正规金融机构的商业信贷交易费用较高，交易规模较大，客户不能过于分散，担保条件要求严格，而龙头企业在很大程度上已参与到城市经济的市场分工中，在利润水平及担保资格都能够符合正规金融机构要求的情况下，有些企业甚至能够得到政府的隐性担保，加之建立有相对完善的会计信息系统，能够提供其经营状况的财务信息，信贷信息不对称现象也能有所缓解，因此，二者具有相互对接的可行性。尽管农村正规金融发展存在诸多问题，但从其本身特点以及龙头企业发展角度看，实现正规金融供给与龙头企业金融需求对接具有必然性。所以，中国农业银行应定位为农村高端商业银行，在坚持商业化经营的前提下，加大对农业产业化龙头企业的支持力度，主要满足大规模的资金需求。通过政策引导，把农业银行在农村吸收的存款拿出一定比例用于农业信贷，把农业银行办成全面支持农业和农村经济发展的综合性银行。

第二，实现正规中小金融机构的信贷供给与市场型农户、乡镇企业、中小型民营企业金融需求的有效对接。正规中小型金融机构的小额信贷与市场型农户、乡镇企业、中小型民营企业的金融需求相适应，市场型农户、乡镇企业、中小型民营企业的金融需求主要用于扩大再生产，所需要的资金数额相对较大，借贷风险较大，不易从非正规金融机构获得贷款；由于其自身在资产水平上存在的有限性，使得它们不能像龙头企业那样，从正规金融机构获得商业贷款。而正规中小型金融机构，尤其是农村商业银行、农村合作银行、村镇银行等，相对于大银行，在成本控制上存在较大优势，而且较易了解市场型农户、乡镇企业、中小型民营企业的生产经营状况，可根据其还款的信誉状况来控制贷款额度，降低金融风险；中小型金融机构倾向于通过市场交易过程，发放面向中小企业的贷款，按市场利率取得更高收益，市场型农户、乡镇企业、中小型民营企业是以市场为导向的，接受市场利率，也倾向于通过市场交易过程获得贷款，二者之间交易易于达成。另外，正规中小金融机构具有一定优势：其资金"取之当地、用之当地"；员工是融入到社区生活的成员，熟悉本地客户；组织架构灵活简单，能有效解决信息不对称问题；贷款方式以"零售"为主，成本低廉、创新速度快；决策灵活，能更好地提供金融服务，二者之间实现金融交易对接具有必然性。目前，农村正规中小型金融机构发展较为迅速，应继续鼓励和引导农村商业银行、农村合作银行、村镇银行发展，构建起民营的、独资的、合伙的、外资的正规中小型金融机构，大力开展涉农金融业务。

第三，实现正规金融、非正规金融机构的小额信贷供给与温饱型农户金融需求的有效对接。农村小额信贷，主要指农村信用合作社等正规金融机构、非正规金融机构提供的农户小额信贷，是以农户的信誉状况为根据，在核定的期限内向农户发放的无抵押或少抵押担保的贷款。正规金融机构、非正规金融机构的小额信贷供给与温饱型农户金融需求相应，他们之间的交易对接具有充分的可行性。目前，温饱型农户占整个农户的40%～50%，他们的借贷需求并不高，还贷能力较强，二者之间的信贷交易易于达成。农信社和其他非正规金融机构的比较优势决定其生存空间在农村，从国外银行业的发展情况看，即使服务于弱势群体，也有盈利和发展空间。农信社应牢固树立服务"三农"的宗旨，通过建立良好的公司治理机制、科学的内部激励机制，切实发挥农村金融主力军作用；适应农村温饱型农户金融需求的特点，建立和完善以信用为基础的信贷交易机制，提高农户贷款覆盖面；通过农户小额信贷、联户贷款等方式，不断增加对温饱型农户的信贷支持力度。当前，农户小额信贷存在的问题主要有：资金缺口大、贷款使用方向单一、贷款期限无法适应农业生产周期的需要、小额信贷额度低等。针对这些问题，应采取措施逐步扩大无抵押贷款和联保贷款业务；尝试打破农户小额信贷期限管理的限制，合理确定贷款期限；尝试分等级确定农户的授信额度，适当提高贷款额；拓展农信社小额信贷的领域，由单纯的农业生产扩大到农户的生产、生活、消费、养殖、加工、运输、助学等方面，扩大到农村工业、建筑业、餐饮业、娱乐业等领域。

第四，实现非正规金融机构的小额信贷与温饱型、贫困型农户金融需求的有效对接。民间自由借贷的机会成本相对较低，加上共有的社区信息、共同的价值观、生产交易等社会关系，且可接受的担保物品种类灵活，甚至担保品市场价值不高也能够较好地制约违约，与温饱型、贫困型农户信贷交易易于达成，实现二者之间的有效对接具有必然性。发达地区的非正规金融，其交易规模较大、参与者组织化程度较高，以专业放贷组织和广大民营企业为主，交易方式规范，具备良好的契约信用，对这类非正规金融可予以合法化，使其交易、信用关系及产权形式等非正式制度得到法律的认可和保护，并使其成为农村金融市场的重要参与者和竞争者；欠发达地区的非正规金融，其规模较小、参与者大多是分散的温饱型、贫困型农户，资金主要用于农户生产和生活需要，对此类非正规金融应给予鼓励和合理引导，防止其转化成"高利贷"。同时，积极发展小规模的资金互助组织，通过社员入股方式把资金集中起来实行互助，可以有效解决农民短期融资困难。应鼓励和允许条件成熟的地方通过吸引民间资本、社会资本、外资发展民间借贷，使其在法律框架内开展小额信贷金融服务。

总之，由于商业金融在很大程度上不能完全适应农村发展的实际需求，上述市场细分和四个"有效对接"在不同地区可实现不同形式组合，不同对接之间也可实现适当组合，哪种对接多一点、哪种对接少一点，可根据情况区别对待，其判断标准是以金融资本效率为先，有效率的"有效对接"就优先发展。

为了实现以上四个"有效对接"，还必须采取以下配套政策：一是建立新型农村贷款抵押担保机制，分担农业信贷风险。在全面总结农户联保、小组担保、担保公司代为担保等成功经验的基础上，积极探索农村土地使用权抵押担保、农业生物资产（包括农作物收获权、动物活体等）、农业知识产权和专利、大型农业设施、设备抵押担保等新型农村贷款抵押担保方式，降低农贷抵押担保限制性门槛，鼓励引导商业担保机构开展农村抵押担保业务。二是深化政策性金融改革，引导农业发展银行将更多资金投向农村基础设施领域。通过发行农业金融债券、建立农业发展基金、进行境外融资等途径，拓展农业发展银行资金来源，统一国家支农资金的管理，增加农业政策性贷款种类，把农业政策性金融机构办成真正的服务农村基础设施等公共物品、准公共物品投融资的银行。三是建立政府主导的政策性农业保险制度。运用政府和市场相结合的方式，制定统一的农业保险制度框架，允许各种符合资格的保险机构在总框架中经营农业保险和再保险业务，并给予适当财政补贴和税收优惠。四是加强农村金融立法，完善农村金融法律和监管制度。目前，农村金融发展法律体系滞后，亟须加以完善。建议在《中华人民共和国公司法》、《中华人民共和国商业银行法》中增加农村金融准入条款，制定《民间借贷法》，将暗流涌动的农村民间金融纳入法制化轨道。适当修改《中华人民共和国银行业监督管理法》，鼓励农村金融机构充分竞争，防范农村金融风险；以法律形式明晰农业银行支农责任，督促其履行法定义务，确认其正当要求权；明确农业发展银行开展商业性金融业务范围，拓展农村基础设施业务，以法律形式分别规制其商业性、政策性业务，对政策性业务进行补贴；限制邮储银行高昂的利率浮动，加强对其利率执行情况的监督、检查力度。制定《金融机构破产法》，建立农村金融市场退出机制，形成公平、公正的农村金融市场竞争环境。制定《农村合作金融法》，规范农村合作金融机构性质、治理结构、监管办法，促进农村信用社等农村合作金融机构规范运行。

教育部 2011 年度"长江学者和创新团队发展计划"
创新团队（IRT 1176）带头人
西北农林科技大学经管学院教授、博士生导师
西北农林科技大学农村金融研究所所长

二〇一五年三月二十八日

目 录

1 导　　论

农户作为农村金融市场中借贷的基本单位，其融资状况成为影响农村经济发展的重要变量，是研究我国农村金融体制改革的必然逻辑起点。如何提供符合农户需求的金融服务是农村经济可持续发展的重要条件，也是重要的研究内容。基于此背景，本章阐述了选择以农户借贷行为为切入点，研究陕西省农户借贷行为的目的、意义、国内外研究动态、研究思路、研究方法以及可能创新之处。

1.1　研究背景

解决农村"三农"问题（农村、农业和农民）对促进农村经济发展及提高农民生活水平具有十分重要的意义。农村经济的持续发展、农民收入的增加、农村产业结构的调整和城乡统筹发展都离不开农村金融的支持。农村金融的改革与发展是我国农村经济全面发展的前提和保障，深刻把握我国农户借贷行为的特征，从而为研究农村金融机构改革和农村金融市场效率奠定基础。

1.1.1　理论背景

1.1.1.1　农村金融理论研究的核心是改善农户信贷状况

20世纪90年代后，经验证明如果完全依靠市场机制的作用，不可能使发展中国家的金融市场成为有效率的金融市场，合理的政府干预可以弥补市场的失效部分，由此为小组贷款和新模式的小额贷款提供了理论基础。小额信贷的推广增加了农村金融供给，在解决农户贷款难问题上取得一定的成效。在现有农村经济发展和农村金融机构改革的背景下，研究农户借贷行为，揭示农户信贷的需求状况和影响因素，为准确评价我国现有农村金融市场体系安排和后续改革提供了必要借鉴，弄清农户信贷行为的影响因素，改善农户信贷状况，是对农村金融理论的一个重要贡献。

1.1.1.2　发展中国家的农户借贷有其特殊性

发展中国家农村普遍存在典型的二元借贷市场，各国试图通过发展农村正规金融，使广大农村人口可以获得正规金融机构的信贷支持，但非正规金融依然以其自身优势在农村地区得以存在和发展，我国农户借贷市场同样具有二元结构特征。已有研究发现，农村正规金融和非正规金融之间存在平行和垂直两种可能关系，也就意味着这两种机构在发展中可能是竞争替代关系或合作互补关系。我国农村金融市场发展和农户融资情况有其本土化特征，直接运用西方农村金融市场理论来分析我国农户借贷行为具有很大的局限性。因此，从农户借贷行为角度出发，研究金融机构供给与农户借贷行为与需求之间的匹配性问题，合理安排正规金融机构和非正规金融机构的农村市场布局，优化农户借贷行为，进而有针对性地完善农村金融体系和农村金融服务，对提高我国农户收入水平具有重要意义。

1.1.2　现实背景

1.1.2.1　农民收入增幅逐年递减，增长陷入低谷

1978 年改革开放后的 32 年间，中国农民人均纯收入增长近 36 倍，从 1978 年的人均纯收入 133.6 元提高到 2008 年的人均纯收入 4 760.62 元，但在这期间，农民收入的增长表现出很大的波动性，呈现不匀速增长。进入 20 世纪 80 年代末，农民收入和城镇居民收入差距呈现进一步拉大趋势，农民人均纯收入增长远远低于城镇居民家庭人均可支配收入增长和全国经济增长水平（见图 1-1），这在一定程度上减缓了我国经济的长期可持续发展速度。农民收入总体上有了大幅度提高，但分阶段来看，农民收入增长速度却出现了递减趋势，在这么多年里农民收入并非平稳增长，而是呈现阶段性地变化。1978—1985 年属于高速增长阶段，而 1986—1991 年呈现增长高速下滑趋势，1992—1996 年恢复缓慢增长，1997—2000 年后增速持续下跌，进入 2001 年后农民人均纯收入增长一直处于低迷状态，农民收入增长速度徘徊不前，到了 2004 年农民收入增长速度有所提高，在一定程度上扼制了农民收入增幅连续下滑之势，2005—2008 年的年名义增长速度分别为 9.6%、10.42%、12.2%、8.4%。虽然农民收入水平在不同程度上有所提高，但是农民收入增长缓慢，巨大的城乡收入差距并未缩小，2005—2008 年城镇居民收入年名义增长速度分别为 11.37%、12.07%、17.23%、14.47%，城乡差距有进一步拉大的趋势。

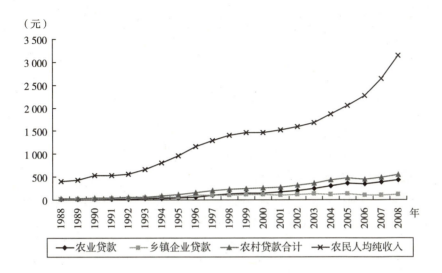

数据来源：中国统计年鉴。

图 1 - 1　1988—2008 年全国农民人均纯收入增长情况

《中国统计年鉴》把农民收入按照收入来源进行划分，包括家庭经营纯收入、工资性收入、财产性纯收入和转移性纯收入。农民收入来源变化趋势（见图 1 - 2）显示改革开放以来我国农民收入主要来源于工资性收入

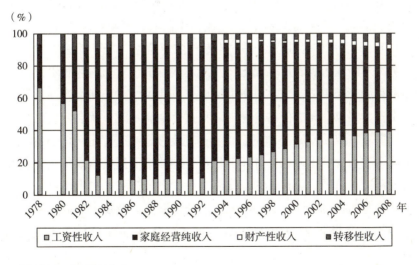

数据来源：中国统计年鉴。

图 1 - 2　1978—2008 年全国农民收入来源

和家庭经营纯收入，财产性纯收入和转移性纯收入在家庭总收入所占比例一直保持在5%左右，在农民收入规模发生巨大变化的同时，由于农民收入增长来源结构的变化，农民收入结构也相应发生着巨大的变化。分析农民收入结构变化的特点，可以在一定程度上揭示导致农民收入增长缓慢的深层次原因。

尽管社会已从传统农业走向现代农业时代，农业生产方式也由简单地依靠人畜动力走向机械化，但中国具有特殊国情，属于典型二元结构的国家，依靠农户力量来实现农业增长依旧是一种难以替代的方式，只有农民收入提高了，国民经济发展水平才能提高。因此，农户本身收入增长对农业增长和国民经济发展的推动作用是毋庸置疑的。

1.1.2.2 从传统农业向现代农业的转型阶段，农户需要外源融资增加收入

家庭联产承包责任制改革前，土地等基本生产资料归集体所有并统一使用，由集体决定农业和农村的生产投资活动，国家计划安排贷款发放，农民作为集体经济组织内部的生产者，农民的融资活动极为简单，只是以少量的生活性借贷参与非正规农村金融市场和作为纯粹的存款者参与正规农村金融市场。20世纪80年代后，中国农村微观的经济组织大部分陆续变成以农户为主的形态，农户的财产权与土地的使用权主体得以重新认定。农户家庭经营已经成为中国农村经济的主要形式（李文华，2005），农户作为独立经济主体参与农村金融市场，随着农村市场经济改革的不断深入和农户多元化经营的发展，资金对于农业和农户经济的作用变得越来越重要，当农户产生短期季节性生产与长期生产性投资资金和消费资金需求、无法依靠自身内部积累资金满足时，就会产生强烈的外部融资需求，依靠家庭外部资金供给来满足资金需求，进行生活和生产，增加收入和减少贫困。农户对外借贷资金能够平滑消费曲线，优化农户消费行为和减少贫困，更重要的是能够满足农户维持和扩大生产及采用新技术和从事新的投资领域的资金需求，这样可以促进新技术的应用和普及与生产的发展，提高农户收入和福利水平，从而形成良性循环（李锐，2004）。

1.1.2.3 农村金融体系没有充分发挥资源配置功能

一直以来，中国农村金融体系改革从未停止，效果却差强人意，主要

原因在于改革的基本思路和路径选择与农村金融系统的内生规律存在较大偏差，甚至在某种程度上扭曲了农村金融资源的配置行为。20 世纪 80 年代政府对农村金融体制改革后出现了农村金融组织功能弱化，正规金融机构大量退出农村金融市场带来农村资金大量外逃的现象，而新的金融机构未能及时进入农村金融市场，导致农村信贷资金供求关系失衡，使得农村地区出现融资真空，农户只能选择通过非正规金融渠道融入资金，越是经济发达地区，占据主导地位的越是民间金融组织。

经过多年的农村金融改革与发展，我国农村地区初步形成了多层次、广覆盖的农村金融体系，开设"只贷不存"小额信贷机构的试点，设立村镇银行和资金互助组织，一些新型农村金融组织形式不断涌现，金融服务已覆盖了绝大部分农村地区。但是相对于东部和中部地区，西部地域广阔、农村基础条件差、累积性贫困问题突出，正规金融机构分布密度较低，加之农村自然风险较高，农民收入低且缺乏有效的抵押担保物，借贷双方的信息渠道不尽完善，使得西部农村地区金融服务的交易成本远高于东部地区城市，农村金融机构的运作风险较高。农村金融服务网点不足、农村资金外流和农民贷款难的问题仍然存在。

1.1.2.4　陕西是农业大省，但农村人均纯收入偏低

陕西地处中国西部，农业人口占比高，农民人均收入水平低，农业产业化相对落后，既是一个农业大省，也是一个农村经济弱省。陕西作为西部农业大省，虽然一直重视对基础农业的投入，但同全国农村人均纯收入相比，陕西省农村人均纯收入偏低，农村经济发展比较落后。2008 年、2009 年全国农村人均纯收入分别为 4 760.62 元、5 153.17 元，而陕西省农村人均纯收入仅为 3 136.46 元、3 437.55 元，分别相当于全国平均水平的65.88%、66.71%。制约陕西省农村经济发展的关键因素之一是资金。尽管陕西省对农村金融体系进行改革，加大了对农业的投入力度，提高了广大农民的生活水平，促进了农村经济的发展，但是，相比于对其他行业的投入，农业投入还是远远不够的。目前，随着农村经济的发展，农户的资金需求数量比较大，呈现多样化特征，农户长期的贷款难问题一直未得到有效的改善，大多数的农户面临生产资金困难时仍然无处借款，正规金融机构向农村中小企业和农户贷款的意愿不强，在一定意义上形成一个负反馈作用的恶性循环，使得农户对正规金融服务产生负面认识。

如何全面深入了解陕西省农户的借贷行为特征及借贷需求，以需求为导向，金融供给如何围绕金融产品和服务创新，切实满足农户的资金需求，为农民提供有效的资金供给，是金融改革的重大问题。因此，有必要采用科学的手段更加准确和深入地分析农户借贷和资金需求的基本现状，为政府和涉农金融机构更加科学地决策提供理论依据和政策支持。本书正是在这种思想基础之上，从农村最微观的经济主体——农户入手，研究区域农户借贷行为特征和影响因素，分析区域农村金融市场的农户信贷供求状况、失衡原因，在制度上探寻符合农户信贷需求的金融供求均衡途径，全面、准确地了解农户借贷行为存在的特征及影响因素，以农户借贷需求为导向，提出促进农户借贷行为合理化的政策和建议。这是深化我国农村金融改革的要求，也是促进农村经济稳定发展和农民增收的需要。

1.2 研究目的与意义

1.2.1 研究目的

1. 通过对陕西省农村金融服务覆盖面和农村金融发展与农户收入增长关系的分析，以期发现良好的宏观金融环境可以促进农户借贷行为的发生，达到提高农户收入的目的。

2. 通过实地调研分析农户的借贷特征和影响因素。本书选取陕西省农户借贷作为研究对象，通过对农户借贷行为的调查，全面、准确地了解农户信贷行为的基本特征，分析影响农户正规借贷行为和非正规借贷行为的主要因素，根据农户借贷行为特点和影响因素，有针对性地创新正规金融机构的产品和服务方式，有效满足农户借贷需求。

3. 通过运用 Probit 模型对影响农户借贷行为的因素进行分析，以期发现影响农户借贷需求意愿的农户自身特征因素和金融环境因素，为从金融机构和农户两方面优化农户借贷行为提供理论依据。

4. 提出促进农户借贷行为合理化的政策建议。针对现阶段陕西省农户借贷行为的特征，及正规金融机构供给与农户借贷需求失衡的原因分析，探讨如何合理安排农村金融体系，以农户借贷需求为导向，提出促进农户借贷行为合理化的相关政策建议。

1.2.2　研究意义

1.2.2.1　理论意义

1. 本书根据调查所获得的陕西省农户借贷实际发生情况和借贷意愿数据，以农户经济行为理论、农户借贷行为理论和农村金融发展理论为基础，从宏观金融环境和微观农户借贷行为两方面对农户借贷行为进行研究，拓宽和丰富了以上理论的研究范围，为农户借贷行为的研究提供了新思路。

2. 本书针对农户借贷供求失衡的状况，提出实现农户借贷供求均衡的途径，选择农村借贷市场混合成长模式，充分考虑并尊重农户的内生金融需求，金融机构应该根据农户资金需求特征进行产品和服务创新，满足农户资金需求，从而提高农户收入，这对丰富农村金融市场发展理论具有一定的积极意义。

1.2.2.2　现实意义

1. 农户借贷难是当前农村金融改革的重点问题之一，研究陕西省农户借贷行为特征，以此提出促进农户借贷行为合理化的政策建议和措施，对于解决农户贷款和农村金融机构发展的"两难"问题，促进农村金融机构改革都具有重要的现实意义。

2. 充分掌握区域农户借贷行为特征，有利于推动农村金融体系的完善。我国各地区农业和农村经济发展水平不均衡，不同地区农业产业结构、农户经济收入、思想观念、农户借贷行为偏好，以及农村金融市场构成等都存在较大差异，因此农户资金借贷需求和供给必然具有其自身的特征。陕西省是西部典型的农业省份，具体掌握该区域农户借贷行为特征并实证分析影响农户借贷行为的因素，可以有针对性地提出符合地区实际条件的解决农户融资困境问题的可行途径。

3. 通过对农户正规金融渠道借贷和非正规金融渠道借贷的影响因素分析，发现两种借贷行为的影响因素具有明显区别，非正规金融渠道对信息更加敏感，为现阶段正规金融机构的产品和服务创新奠定了决策基础。

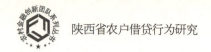

1.3 国内外研究动态

1.3.1 国外研究动态

1.3.1.1 农户经济行为研究

研究农户借贷行为离不开对其经济行为的研究，因为农户借贷行为作为其经济行为的一种，与其他经济行为相互影响。对农户行为的研究文献主要是围绕农户的经济行为是否理性展开的，国外对农户经济学研究的经典文献可以划分为两类：一类是以美国经济学家舒尔茨为代表的"理性的小农"假说，强调小农经济的理性；另一类是以俄国经济学家 A. V. 蔡亚诺夫为代表的"自给的小农"假说，则坚守小农的生存逻辑，即强调小农经济的非理性。"理性小农"学派驳斥传统经济学家认为传统农业社会中农民愚昧、落后，对经济刺激不能作出正常反应，经济行为缺乏理性，农业生产要素配置效率低下的观点，代表性著作有舒尔茨（1964）的《改造传统农业》（*Transforming Traditional Agriculture*）、波普金的《理性的小农》（*The Rational Peasant*）和弗兰克·埃利斯的《农民经济学》（*Peasant Economics*）等。理性小农学派认为农户能对市场价格的变动作出灵敏反应，他们追求利润最大化，改造传统农业的根本出路在于引进新的现代农业生产要素，增加农民的投资机会。而小农经济的生存理论，代表性著作有A. V. 蔡亚诺夫的《农民经济组织》（*The Theory of Peasant Economy*）、K. 波兰尼的《早期帝国的贸易和市场》（*Trade and Market in the Early Empires*）。与理性小农的乐观倾向相反，生存理论则显得有些悲观，认为农户是与奴隶制、农奴制、资本主义以及共产主义各类经济并列的一种独立的经济关系类型，是为满足家庭消费的血缘统一体，生产产品不是为了追求利润，而是为了满足自身消费，所以，农户的行为难以核算成本收益，农户的最优化选择取决于自身消费满足与劳动辛苦程度之间的比较，而不是成本收益的均衡。"理性的小农"假说和"自给的小农"假说这两类理论的共同点在于认可现代市场经济条件下农户经济可能持续存在的事实，反映了农户行为和属性的不同侧面。农户所处的自然和社会经济环境条件及自身发展阶段决定其是追求产量最大化还是利润。

国外学者关于农户行为的研究成果对于分析我国农户的借贷问题具有

重要的启示意义。A. V. 蔡亚诺夫的道义小农的命题成立的前提条件是城乡之间存在着分割，农户无法实现从收益率低的农业部门向收益率高的工业部门的自由转移，也就是说，社会上缺乏一种将这种潜在收益内在化的好的制度安排。因为农户家庭无法解雇多余的劳动力，多余的劳动力又不能转移出去，造成农户保持着"不贫不富"的生存状态。但是只要消除城乡壁垒，拓宽农民收入途径，给予农民更多的投资机会，农村劳动力就不会因无法割舍几亩农田，对小农经济心存眷顾而不能成为真正意义上的雇佣劳动者。农户不是愚昧、落后的代表，不是对经济刺激缺乏正常反应的非理性者，而是因为传统农业中对生产要素增加投资的收益率低。

1.3.1.2　发展中国家农户的借贷行为研究

当今主流发展经济学认为，农村金融市场上官方正式金融组织与非正式金融组织并存，在发展中国家是一个很普遍的现象。发展中国家与发达国家的农村借贷市场存在很大不同，发展中国家农户身处的外部环境不同于发达国家，发展中国家在农村金融领域存在严重的金融抑制现象（McKinnon. Shaw，1973）。K. Hoff 和 J. Stiglitz（1981）指出"发展中国家农村存在着典型的二元信贷市场。在正式信贷市场上，金融机构向借贷双方提供中介，并收取很低的利率，在非正式市场上，货币是由私人进行贷放的。"经济发达国家的农户融入资金以银行借贷资金借入为主，其资金需求是在信息相对对称的情况下，由借贷资金的供给者与需求者在市场上通过相互竞争而得到满足的。

Beslye（1994）认为农村借贷市场存在三个主要特征：缺乏抵押品，不发达的补充机制和共变风险，在一定程度上描述了所有借贷市场的特征，但发展中国家金融市场存在"二元结构"，农村借贷市场上的问题更严重。很多学者从农户借贷来源、不同借贷渠道对农户福利的影响、农村金融体制改革等方面对发展中国家农户的借贷行为做了大量研究，得出了许多有价值的结论。

1. 农户的借贷主要来自非正式借贷。如 Pischke、Adams、Donald（1987）发现只有一小部分农户能够从正规金融机构获得贷款。据对智利农村传统借贷市场的调查，估计国家金融机构、经济改革机构和私人商业银行只占农村人口的 30%，其余农村人口依赖非正式借贷市场（McKinnon，1988）。Ghate（1992）认为农村借贷市场上，非正式借贷形式比正式借贷形式更加普遍。

2. 分析了不同借贷来源的效用。Khandker 和 Faruqeel（2003）发现农户用于生产和投资的正式借贷比例高于非正式借贷。Kochar（1995）通过分析印度 20 世纪 70 年代的数据发现，大部分人不贷款是由于有效借贷需求不足，而不是借贷供给不足，农户除银行贷款之外还可以从非正式渠道借款，农户努力扩大正式借贷可能只是对非正式借贷的替代，边际效益较小。通过对巴基斯坦农村信贷市场的调查，发现正规借贷和非正规借贷都很活跃（Adams 和 Fitchett，1992；Aleem，1990；Ghate，1992；Hussain 和 Demaine，1992；Udry，1990），正规金融机构和半正规金融机构覆盖农村金融市场很小的份额（Aleem，1990；Ghate，1992），1995 年巴基斯坦农村金融市场研究（RFMS）的调查数据显示，在 4 380 户农户中，59% 的农户称借过款，其中只有 7% 的农户从正规机构途径获得过借款。

越来越多的国外学者开始通过建立农户需求模型来对农户的借贷需求行为开展研究。Long（1968）通过建立正规微观经济模型来分析农户借款原因，采用 1951—1952 年印度国家调查数据对模型进行估计和检验，分析农户在确定性和非确定性两种条件下的借贷选择行为，得出农户自身风险偏好和项目收益率与利率水平的比较影响农户借贷行为选择，借贷决策是在给定生产机会条件下收益最大化的选择。Iqbal（1983，1986）运用消费者效用最大化理论，通过构建规范经济模型对农户借贷行为进行研究，他认为借贷行为首先影响农户第一期的预算约束、消费水平和投资水平，接着影响第二期的收入与消费水平及资金利息成本；借款人地区、收入、贷款规模以及个人特征等因素会影响贷款利率。Ravi. S.（2003）运用基于随机效用的均衡排序模型，对印度农户借贷行为进行分析，发现农场面积、年收入水平和受教育程度对农户获取银行贷款有正向影响，农户向放贷人借贷的概率与农场面积、总收入和教育水平呈负相关关系。

3. 农村金融体制改革。诸多学者和政策制定者认为传统农村正规金融组织存在过高的交易成本、严格的政府管制、内部管理混乱、自生能力太弱，以及过分偏好城市地区、富裕阶层和大土地者等诸多弊端，所以，从 20 世纪 90 年代初开始，许多发展中国家在世界银行和国际粮食组织的帮助和指导下，开展对农村金融体制改革的活动。尽管在一些国家和地区，对农村正规金融组织的改革取得了一定的成功，比如，泰国的农业与农业合作银行（the Bank for Agriculture and Agricultural Cooperative）、孟加拉的格莱美银行（Grameen Bank）和马拉维的小农户农业信贷管理委员会（the Smallholder Agriculture Credit Adiministration）等，但是，大多数发展中国家的农村金融体制改革都没有达到预期的目标，没有获得成功。最近一些年，大多数发展中国家农村金融体制改革的目的是发展农村非正规金融组织，建立多样化的有机混合的农村金融市场体系，通过适当放松利率管制，加强对农村金融组织的审计、法制建设和风险监督，减少对农村正规金融组织运行过程的干预（Alexander Sarris，1996）。

1.3.1.3　农户借贷福利效果的研究

多数研究结论发现农户借贷行为可以明显改善农户的福利效果，对农民的收入、产出具有十分重要的作用。Khandker（1988）认为小额贷款与其他项目产生同样的福利效果。Binswanger 和 Khandker（1995）通过分析印度农户时间序列数据来说明正规金融贷款的经济效果，认为正规金融贷款明显增加了贷款农户的收入水平和劳动生产效率，在一定程度上发展了农村社区经济。Pitt 和 Khandker（1998）通过分析孟加拉正式借贷项目对农户的经济效果和福利影响，发现小额信贷等正式借贷项目对农户产出发挥着重要影响，包括农户收入、孩子上学、劳动供给、财产、化肥等方面，能明显增加贫困农户的福利，提高贫困农户的收入水平。Udry（1994）认为借贷不仅能够促进生产，而且也能稳定消费。但 Diagne（1997）和 Morduch（1998）认为借贷需求与收入存在负相关关系，比如在农业歉收的年份，因为收入减少使借贷和收入呈负相关关系，农户的借贷需求反而有可能会增长。

1.3.2　国内研究动态

1.3.2.1　农户借贷行为特征分析

国内学者对农户借贷行为和融资行为做了大量颇有价值的研究，主要从借贷资金来源（正规金融组织和非正规金融组织）、借贷资金运用、借贷规模等方面，对农户借贷行为进行较为系统的分析。有代表性的观点主要有：对"农户信贷需求满足情况"采用统计分析方法的相关研究结论认为，民间借贷行为是正规金融借贷行为所不能替代的，其所形成与繁荣是正规金融组织弱化农村信贷服务功能的一种结果（史清华等，2003）。张杰（2003）认为，在农户无法从正规金融机构获得有效贷款的前提下，非正规金融有其生长和存在的空间，一定意义上讲"农村非正规金融的存在是理性的"。在农村借贷市场上，随着农户对资金需求量的增加，在正规借贷不能满足广大农户需求的情况下，非正规借贷成为农户的主要融资渠道。在农村借贷市场上，农户的信贷资金主要来源于非正规金融部门，非正式信贷形式的存在比正式信贷形式更加普遍（Ghate，1992；张新民；2001；何广文，1999）。北京大学中国经济研究中心宏观组（2007）关于农村信用社贷款覆盖率方面的调查显示，2006 年从农信社贷过款的家庭占总调查户数的 13.64%。农信社贷款户数占有借款需求户数的覆盖率为 27.74%。史清华、黎东升（2005）对湖北监利县 178 户农户调查显示，178 个样本中有 11.80% 表示其家庭有银行贷款的经历，59.55% 回答"没有"，未回答此问题的占 28.65%。张雪峰（2008）对山西省 7 个村的调查发现，被调查的 430 户中有 394 户表示发生过借贷行为，其比例高达 91.6%。张胜林、李英民和王银光（2002）通过对当前民间借贷的调查，认为民间借贷的比较优势在于其对于正规金融更低的交易成本和更直接的自发激励机制，并就规范民间借贷和改善金融服务提出了相应建议。

1.3.2.2 影响农户借贷行为因素分析

史清华（2005）提出，在农户的民间借贷市场上，付息贷款比例已经取代无息成为民间借贷的主体，考虑到正规银行信贷的利息比民间借贷低，可以看出有资金需求的农户寻求民间渠道的满足是一种不得已而为之的行为，根本原因在于正规金融部门无法有效满足农户的金融需求；史清华分析了农户户主文化程度、年龄、家庭收入水平等因素与农户是否借贷、借贷动机、是否有借贷字据之间的关系，认为户主受教育程度相对较高、年龄适中、收入水平中下等的农户家庭借贷发生率比较高；农户家庭生命周期与借贷行为的发生关系密切，户主年龄较小和较大的农户更愿意进行生活性借贷，年龄位于 31 ~ 40 岁阶段的农户倾向于生产性借贷；随着收入水平提高，农户的生活性借贷会减少，用于短期经营借贷和盈利性投资倾向明显增强。周晓斌、耿洁、李秉龙（2004）运用计量方法实证分析影响我国农户借贷需求的主要因素，得出农户投资和经营规模及支付倾向与农户借贷需求之间存在正向关系，农户自有资金支付能力与农户借贷需求具有负向关系。李锐、李超（2007）研究发现：农户偏好年利率低、放款迅速、抵押担保少、期限灵活和满足程度高的贷款。农户家庭纯收入、耕地面积和医疗卫生与教育总支出显著影响农户借款偏好。户主的性别和受教育最高年限对农户借款偏好影响不显著；贺莎莎（2008）采用问卷调查方式对湖南省花岩溪村 81 户农户借贷的总体情况、农户借贷特征、影响因素和农户借贷的动机和行为进行分析，涉及农户借款规模、用途、频率、对象、期限、利率等方面，结论认为大多数农户借贷主要来源于非正规金融的信用拆借，没有固定的归还期限，少数资金需求量较大的非农经营农户的融资需求还是依靠正规金融来满足的，农户经济状况和社会地位也对农户借贷行为有一定的影响。

1.3.2.3 借贷需求与借贷对农户收入的影响

农户借贷需求与借贷对农户收入的影响一直都备受学术界关注。李锐、李宁辉（2004）根据全国 10 个省份的农户调查数据，对农户的借贷行为及其福利效果进行分析，认为受教育年限、土地规模、非农收入等因素显著地影响特定农户的借款数额，借贷行为对农户纯收入及其福利状况也有着统计上的显著影响。罗安邦（2006）通过对贵州省望谟县的实证研究发现，农户贷款行为主要是农户之间的友情借贷，农户把贷款中很大一部分用于满足自身消费，农户发生的临时性的高额支出、日常生活支出以及外出打工的支出都会增加农户的借款数额；生产性借款数额可以提高农户的家庭经营收入、种植业收入以及外出打工经商收入。朱喜（2006）使用工具变量法对全国 3 000 个农户的抽样数据估计了借贷对农户福利的影响，分析表明不论是正式借贷还是非正式借贷，都能够提高农户的收入水平，并通过直接效应和间接效应促进农户的消费。朱喜和李子奈（2006）认为借贷可以从整体上提高农户的经营收入，但对不同收入层次农户的产出具有差异性的影响，借款显著促进了中低收入农户产出的增加，但是对最富有和最贫困的农户的收入作用并不明显。

1.3.2.4 农户贷款难原因分析

现有的研究主要集中于从现有金融机构和农户两个方面对农户贷款难的原因进行分析，主要有以下几个方面：（1）国有银行撤并农村机构网点。近年来，四大国有商业银行撤并县及县以下机构，中国农业银行上收基层机构的贷款权，大多只存不贷，减少了对农户的贷款额。（2）农村信用社难以满足农户贷款需求。农村信用社由于产权不明晰、管理体制不顺畅和历史包袱沉重等原因，难以担当农户贷款主力军的角色（杜晓山，2002）。刘金钵、任荣明（2004）认为当前农村信用社缺乏有效的政策支持、健康的管理体制和创新的经营机制。（3）农户缺乏有效的抵押担保品。抵押已成为一些地区农户借贷的"瓶颈"，韩俊等（2007）对29个省市1 962户农户的调查显示，在申请贷款被拒绝的农户中，38%的农户认为缺乏抵押或担保而没有获得贷款。（4）农户贷款成本高。由于农户经营规模小和贷款数额小，造成商业银行发放每笔贷款的运作成本相对较高，追求商业利润的农业银行和农信社缺乏给农户贷款的动力。周脉伏、徐进前（2004）运用信息成本理论和契约理论对农户融资难的问题进行了分析，认为产生这一问题的原因是现有金融机构距离农户较远，导致其对农户融资信息成本高昂，以及履约实施机制的缺乏。

1.3.2.5 解决贷款难的政策建议

众多学者给出了解决农户贷款难的政策建议，包括以下几个方面：（1）积极推广农户小额信用贷款。农户小额信用贷款模式，一定程度上解决了金融机构与农户贷款博弈中长期存在的信息不对称和高固定成本问题，实现了农户求贷难、金融机构放款难问题的缓解。同时，该模式还根据常规贷款记录决定后续贷款或累增额度，形成了动态激励机制，有利于农户建立主动还款意识，实现了农户贷款的较高回收率，制度绩效明显（何广文，2002）。（2）深化信用社的改革。关于农村信用社改革的研究，大部分文献集中在组织的改革上。徐滇庆教授建议将农信社改革和创建民营银行结合起来，在贫困地区由民间资本将农信社改组为民营银行。汤武和简瑞林（2001）认为农村信用社的工作走不出困局的主要原因是体制不顺，农村信用社的改革要走民营化改革道路，逐步收缩现有国有农信系统，为民营农村金融机构腾出业务空间，现今农信社系统转变成政策性的国有农金资产管理公司，具有部分国家政策性银行的职能，为农村经济发展承担政策性业务。曾康林教授提出将农村信用社在市场上当作商品进行转让，让民营经济收购农村信用社，参股控股农村信用社。（3）制定社区再投资法。借鉴美国的社区再投资法，制定相应法规使社区金融机构吸收的存款部分回流到社区（符浩勇，2004）。社区银行是美国银行体系的重要组成部分，服务于经济体中的弱势群体，自身都不存在规模优势，社区银行不与大银行争夺"高端"客户资源；同时，还要拿出相当比例资金用于社区下岗待业人群的资金需求。但是由于其准确的市场定位和比较优势的充分发挥，以及一系列法律和制度配套体系的支撑，在大银行林立的高度竞争环境下，积累生存能力，扩大生存空间。（4）放开民间金融，使民间金融合法化。民间融资行为虽然有不可避免的非规范之举，但它是一种需求的无奈选择，在价值判断上既要肯定它弥补需求的积极作用，也要注重引导和规范它的非规范行为，使它沿着规范的轨迹健康运行（毕勇、张北弘、刘树春，2004），按照合作金融模式，逐步提高民间金融活动的组织化程度（霍学喜，2005）。（5）成立信用担保机构。帖俊峰、张安山（2001）认为面对道义性"支农"与盈利性"信贷"的矛盾，现实思路是解决机构和信用问题，而经济环境，正是依靠融资发展而可望得以解决的长期问题。

综上所述，近年来，国内许多学者对农村金融进行了广泛研究，取得了一些有价值的成果，在相当程度上准确揭示了当前中国农户借贷行为特征和影响因素以及农村金融市场的运行态势。但从总体上来看研究多数从国家层面上对我国农户借贷行为整体发展状况进行分析，缺乏根据我国农村具体地区情况来分析农民借贷行为与金融发展状况的关系，缺乏对影响农民收入因素的实证分析，缺乏从金融制度角度考虑不同地区农民收入产生差距的原因。从研究方法来看，大部分研究，特别是国内研究所采用的大都是描述性的定性分析和简单的回归分析方法，研究方法过于简便单一，难以准确描述农户借贷行为的基本特征，更难以揭示出相关变量之间的数量关系和内部规律性。因此，无论是理论还是方法上，通过对农户以借贷行为为主体的金融行为进行研究都是十分有意义的。

1.3.3　国内外研究动态评述

国内外学者对农村金融市场和农户借贷行为的研究为进一步深入分析我国的农户借贷行为奠定了重要的理论基础，但仍存在一些不足：

1. 已有研究的调查数据大多都是反映农户实际发生的借贷行为，少有针对农户借贷意愿展开调查，在没有针对意愿调查的情况下，得到的是农户实际发生的借贷情况，不能了解那些主观有借贷需要而没有发生实际借贷行为的情况。在目前所能看到的研究文献中鲜有通过直接调查影响农户信贷需求因素来分析农户信贷行为的，也许是因为针对意愿的调查开展起来比较困难。即使有，也只是对某个小范围内的农户借贷行为进行调查，一般统计样本较小，不能全面客观地反映农户在实际生活中的潜在借贷意愿。

2. 已有研究地域主要集中于中东部经济发达地区，对于西部经济落后地区的传统农户的借贷行为涉及得较少，特别是我国农村经济由传统农业向现代农业的转型过程中，特别是成立新型农村金融机构后，各个金融机构主体对满足农户信贷需求中出现的新问题分析较少，不能准确反映西部地区农户借贷的供求状况和行为特征及影响因素。陕西省农户借贷现状与我国西部其他省份有着很大的相似之处，与东部发达地区农户相比具有特殊性，农户借贷行为必然不尽相同。因此，必须从陕西省农户的实际出发理解农户借贷行为，针对性地提出解决农户金融服务不足问题的有效途径。

3. 现有的研究大多是从农村金融供给体制方面对农户信贷抑制产生的原因进行分析，缺乏从农村金融需求的主体——农户借贷行为角度分析。农户是农村金融需求的主体，因为处于不同地域，农户因其不同的经营活动，其借贷需求也呈现多样性特征，不同类型农户的信贷行为存在差异性，影响其信贷行为的因素也是多种多样的。中国农村经济发展的现实表明，从农户出发，认识中国农户的性质、借贷行为特征及其金融供给环境是讨论我国农村金融供需失衡问题的逻辑起点。

1.4　研究思路与方法

1.4.1　研究假设

1.4.1.1　农户与农户家庭的内涵是相同的

任何一项研究都要首先确定研究的基本单位。这里所研究的农户是以家庭区域位置来划分的，每个家庭组织就是一个农户，农户是扩大的家庭组织。在一个家庭内部，单个农民不是决策主体，家庭整体决策必然影响和控制家庭成员个人的决策，家庭总目标必然约束成员个人的行为和目标，单个农民很少作为借贷的基本单位，而是以家庭为单位借贷，所以研究农户家庭也就是研究农户。这里研究的农户不是具有单纯消费功能的单位，而是作为独立的市场决策主体以及兼具生产和消费功能的单位实体。

1.4.1.2　农户是理性的

农户在选择是否借贷，通过什么途径融入资金和如何使用信贷资金的问题上完全按照收益最大化原则进行，目的是以最小成本取得最大利润。农户不会盲目地发生借贷行为，并且农户不会为其所发生的借贷盲目地支付成本，使用借贷资金是按"自身效用和利润最大化原则"进行的。

1. 有关"农民理性"的争议。农村金融研究中的主要分歧点在于：农户行为是否遵循经济学的"理性人"假定？对这一问题的不同回答，决定了两条迥异的研究路线："理性小农"理论和"道义小农"理论。"道义小农"理论通过将社会历史和文化传统等长期因素纳入经济学研究范畴，在制度层面具有一定解释力。20 世纪 50 年代以前，传统观点认为农民行为是非理性的，农民经常缺乏作为现代企业家所具备的品质条件——储蓄，不具有平衡当前和未来消费的能力。不少学者不同意对农民是非理性的指责，舒尔茨（1964，1987 中文版）认为传统农民是因为没有合适的投资机会，才没有储蓄习惯的。传统农民是根据自己的资源禀赋特征，根据自己的预期收益和成本，来决定自己的行为，而不是根据我们在脑海里想象的主观理由。因此，从农户角度思考问题，农户许多被认为是非理性的行为其实是农民在一定的约束条件下的理性选择。

2. 有关"我国农民经济理性"的讨论。近年来农村金融研究中，出现了以下一些值得注意的问题和倾向：一是过分强调中国农户的特殊性，忽视其作为市场经济主体的一般经济特征；二是分析时间窗口过长，对其间的逻辑连续性未做合理的解释；三是过分强调正式金融制度安排与中国小农经济的"不吻合性"，但对这种情况之后的逻辑机理的阐释似乎还不足以令人满意。

我国农户的经济行为依然遵循着典型的"理性人"假定，追求利益最大化的动机依然主导着农户的基本经济行为；过往研究在漫长历史考察中得出的关于农户行为"非理性"的结论，不能无条件地扩展至对当前（市场经济条件下）的农户研究，改革开放后的农户经济行为已经发生了重大变化。农户与其他经济主体一样，都是以成本收益来衡量各种投资合理性的理性经济人，农户在进行家庭资源配置方面的行为完全是理性的。

根据一般经济理论，农户对借贷资金的需求主要基于交易需求、预防需求和和投资需求；同时，作为理性的经济人，农户的融资决策（是否融资、选择如何融资）始终是在农户所面临的"可行选择集"中进行的——这其中最基本的经济考量依然是"成本—收益"的权衡与比较。将农民视为"理性的经济人"，是理解农户行为的基础，是准确认识农民的必要前提，在这种理念的基础上能够发现那些"不可理解"的农民行为背后的根源，以一种更为科学和客观的眼光看待农户借贷行为。本书对农户借贷方式和借贷用途的选择及影响借贷行为的因素的分析，都是建立在"农户经济理性"这一假定基础上的。

1.4.1.3　本书主要研究农户的借贷行为

农户的借贷行为即资金需求的行为和动机。对借贷行为的考察，通常包括两个方面，一是借入行为，二是借出行为，对农户借贷行为的研究可以围绕这两个方面进行。借贷行为一般包括借贷双方，即资金供给者和资金需求者，供求双方是密不可分的，所以在分析当中也对农户的资金供给行为（储蓄行为）进行了分析。

1.4.2　研究思路

本书以陕西省农户借贷行为为切入点，并没有完全遵循行为经济学研究范式对农户借贷行为的动机和偏好进行分析，而是在运用农户借贷行为理论和农村金融发展理论的基础上，首先分析影响陕西省农户借贷行为的宏观因素，接着通过实地调研搜集陕西省农户借贷行为总体情况数据，运用一般统计方法对农户资金借入行为、储蓄行为和资金民间借出行为的特征予以描述，在此基础上构建影响农户借贷行为的理论模型，运用 Probit 模型对影响陕西省农户借贷行为的具体因素进行实证分析。通过对陕西省千阳县农户借贷行为进行典型调查，找出影响农户从农信社借贷的不利因素，从农户借贷需求和金融机构供给两方面分析农户借贷供求失衡的原因，最后提出以农户借贷需求为导向，构建符合农户借贷特征的农村金融体系，创新农村金融产品和服务，加强政府有效干预，促进农户借贷合理化的政策建议。

根据研究思路，对陕西省农户借贷行为研究的技术路线如图 1－3 所示。

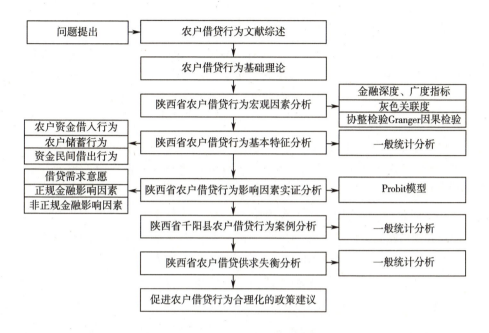

图 1-3　论文研究思路和框架

1.4.3　研究方法

本书综合运用农户经济学、农村金融学、发展经济学和计量经济学等工具来分析陕西省农村金融发展中农户借贷行为的特征和影响因素。在文献研究的基础上，综合采用多种研究方法。

1.4.3.1　调查研究方法

本书在前期准备和写作过程中，对陕西省关中、陕南、陕北地区的农户进行走访和问卷调查，在理论建构的基础上，设计农户借贷的调查问卷，问卷的调查主要是利用 2009 年暑期学生实习进行逐户调查，对陕西省 6 个县 12 个村的农户和信贷员进行问卷调查，按照农村的经济水平和农户分布特点分层抽样选取调查对象，首先找到熟悉该村状况的村委会，听取他们对该村整体情况的介绍，然后根据介绍调查具有代表性的农户，做到全面和准确掌握被调查村农户的借贷状况，入户调查走访 517 户农户、12 名信贷员，共获得 498 份有效问卷，数据处理与分析主要以 Eviews6.0 为主。

1.4.3.2 数量分析方法

1. 一般统计方法

本书采用均数、百分比等一般统计方法，对第 4 章中农户借出资金行为和借入资金行为特征、第 6 章中陕西省千阳县农户借贷行为案例分析和第 7 章中陕西省农户借贷供求失衡进行一般统计描述和分析。

2. 灰色关联度方法

灰色关联分析是一种研究事物之间、因素之间关联性的多因素分析方法。本书运用灰色关联度方法揭示第 3 章中陕西省农村正规金融发展与农户收入增长之间的关系。

3. 协整检验和 Granger 因果检验

协整检验是分析非平稳时间序列的一个重要方法，考察不具有平稳特征的变量之间是否存在长期均衡关系。第 3 章分析农村金融发展对农民收入增长的效应时运用协整分析方法检验陕西省农村贷款量对农户收入增长是否存在正向促进关系。

Granger 因果关系检验基本原理是：在做 Y 对其他变量（包括自身的过去值）的回归时，如果把 X 的滞后值包括进来能显著地改进对 Y 的预测，就可以认为 X 是 Y 的 Granger 原因。

4. Probit 模型

在第 5 章中，构建影响农户借贷行为的理论模型，然后运用 Probit 模式对影响陕西省农户借贷意愿的具体因素、影响农户从正规金融渠道和非正规金融渠道借贷的相关因素进行实证分析。

1.5 可能创新之处

本书可能的创新之处有：

1. 运用灰色关联度法和 Grange 因果检验对陕西省农村金融发展与农户收入增长关系进行分析，发现陕西省农村正规金融中农业贷款对农民增收的影响最大，陕西农村金融发展与农民收入增长之间存在一种长期的均衡关系和显著的正面效应，据此提出良好的宏观金融环境对农户借贷的重要性，以及可以促进农户收入增长的观点。

2. 采用 Probit 模型对影响农户从正规金融渠道和非正规金融渠道借贷的因素进行分析，发现两个部门对于反映农户相关信息的不同信号有着不同的反应灵敏程度，非正规金融部门对于农户的相关信息更为灵敏。说明在不同的金融部门中，影响农户借贷行为的因素各有不同，认为正规农村金融机构的发展应该从满足农户借贷需求的角度出发，统筹考虑，具体分析，进行综合求解，是本书的又一可能创新之处。

3. 通过对陕西省千阳县农户借贷行为的典型调查，提出在农村金融生态环境较好的地区，应当进一步发挥农村信用社等农村正规金融机构的地缘优势与信息优势，提高农信社与农户彼此之间的了解程度，较好地满足农户借贷需求，服务区域农村经济发展，为农村信用社支持地方经济发展提供了理论参考。

4. 提出实现陕西省农户借贷供求均衡的途径是选择政府适度介入，以市场机制为基础的农村借贷市场混合成长模式，深化农村信用社改革，政府应该在农村金融市场中发挥市场机制配置金融资源的作用，并充分考虑和尊重农户的内生金融需求，为解决区域农村信贷市场发展和优化农户借贷行为提供了参考。

2 农户借贷行为基础理论

本书以农村金融市场的需求主体之一农户为研究对象，农户作为农村地区经济社会运行最基本的单位和最基本的生产经营决策单元，是广大农村投资、生产与消费等经济活动的微观行为主体。借贷行为作为农户经济行为的重要组成部分，不仅是一种经济行为，也是一种社会行为，研究农户借贷行为必然涉及农户经济行为和农户借贷行为的基本理论。借贷作为农村金融市场的融资活动，也可以采用农村金融理论及分析方法。

2.1 农户经济行为及借贷行为理论

2.1.1 行为经济学理论

经济伦理学主要在于解释或论证经济行为（乔治·恩德勒，2001）。经济行为是指经济主体参与经济法律关系的过程中，为达到一定经济目的、实现其权利和义务所进行的经济活动，它包括经济管理行为、提供劳务行为和完成工作行为等。与传统经济学不同，行为经济学的研究对象不仅仅包括物的经济，还包括人的心理、认知和行为。赫伯特·西蒙认为，人并非是无所不知的，他提出了有限理性，人类决策是有限理性的，以满意为原则，情境可以对决策产生重大影响。行为经济学科学运用心理学研究人们的经济行为，以解释人类非理性的行为，认为人在思维过程中往往选择走捷径，实际上绕开了理性分析，人的表象思维、心理定式和环境影响往往会引起并不理性的错误。

现代行为金融理论在行为经济学的发展基础上，从社会学视角广泛研究金融市场上的活动，认为人性行为中蕴含着复杂性。行为金融学的完整定义是 1997 年由 Robert J. Shiller 提出的，行为金融学是心理学和行为理论与金融学结合的研究成果。Shiller 指出行为金融学就是一种开放式金融，需要密切关注现实的金融世界，行为金融学理论通过分析人的心理、行为以及情绪对人的金融决策、金融产品的价格以及金融市场发展趋势的影响，试图解释与金融市场中实际观察到的或是金融文献中论述的传统金融理论相违背的反常现象；它认为人们总是带有自我归因偏差，认为理想结果是由他们的能力所导致的，而不理想的结果是由外部原因导致的，投资者在认知和决策时会产生系统性偏差。例如：行为经济学家认为股票市场上，投资者并不是完全理性的。投资者卖出了股价仍在不断上涨的股票获得利润，但死抱已亏损而且股价不断下降的股票，均是非理性行为。所以，金融经济学与主流学派对于人行为理性的判断是不同的。主流学派理论认为人会理性地维护自身利益，把经济学看作同物理学一样的科学，试图建立模型或数学方程式，用实证方式对经济现象进行解释，认为人们会对其中的物价和工资的变化作出反应，而不会因为自己的情绪或者彼此的行动作出反应。而行为金融学将心理学、社会学和人类学等其他社会科学行为研究思路引入金融学中，采用不同于理性行为模型的其他人类行为模型，从另外一个角度来研究金融问题。

2.1.2　农户经济行为理论

农户借贷行为作为农户经济行为的重要组成部分，必然与农户其他经济行为存在着紧密关系。早期的研究农户经济行为主要遵循两大理论流派：一是以美国经济学家西奥多·威廉·舒尔茨为代表的"理性小农"学派；二是以前苏联经济学家，A. V. 蔡亚诺夫为代表的"道义小农"学派。

2.1.2.1　"理性小农"学派

该学派早期代表性人物美国经济学家西奥多·威廉·舒尔茨在代表作《传统农业的改造》中认为农户就是企业，农民即是企业家；如果激励农户的利润动机、创新行为和创造外部市场条件能得到满足，传统社会的农民与现代资本主义社会的农场主，对利润的追求与产品和要素的价格上的反应是一致的。农户是在特定的资源和技术条件下的"资本主义企业"，对市场信息能作出迅速而正确的反应，农户的行为完全是理性的，其目标是追求利润最大化，说明理性的农户会完全遵循经济学最优选择原则，对市场信号能作出积极迅速的反应，以最小的成本获得最大的投资利润。舒尔茨所说的传统农业实际是一种生产方式长期没有变动，基本维持简单再生产的，长期停滞的小农经济，应从经济本身对农户经济行为进行分析（李文华，2005）。舒尔茨得出结论：农户相当于资本主义市场经济中的企

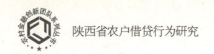

业单位，农民比起任何资本主义企业家来毫不逊色，因此，改造传统农业的出路在于激励农民为追求利润而创新的行为。

该学派的另一个代表人物波普金在舒尔茨的基础上进一步阐明了"农户经济行为"的"理性"范畴。他认为小农无论是在市场领域还是在政治社会活动中，都更倾向于按理性投资者的原则行事，小农是一个在权衡长短期利益之后，为追求最大利润作出合理生产抉择的人。

"理性小农"学派将农户的理性行为仅仅理解为"追求利润最大化行为"，在理论上是偏颇的。用资本主义企业的利润最大化行为去理解农户的行为是不恰当的（王曙光，2006），但该学派打开了对农民行为研究的"理性视角"。

2.1.2.2 "组织"学派

以俄国著名农学家 A. V. 蔡亚诺夫为代表的"组织"学派主张劳动消费均衡理论，强调农户经济组织有着与"家庭劳动农场"相同的性质，农户经济行为具有不同于资本主义经济的行为逻辑，在农业生产高度自给的社会，农户生产产品不是追求市场利润最大化，而是为了满足家庭消费需求最大化，达到家庭效用最大化。其在代表作品《农民经济组织》中指出：小农农场基本上是一种家庭劳动式农场，农民具有工人和企业家的双重身份，生产产品不是为了追求利润而是为了满足自身消费，不雇用劳动力，难以核算成本收益，小农作出最优化选择不是出于对成本收益的比较，而是取决于自身消费满足与劳动辛苦之间的均衡。蔡亚诺夫认为小农是非理性的，农民是为了满足家庭消费支出而进行劳动，并不一定会遵循效益最大化原则来约束自己的行为。处于前市场时代的小农经济具有独特的运行机制，现代市场经济规律并不适合小农经济，因此，改造传统农业的途径在于农户走"合作化道路"。经济人类学家 K. 波兰尼（K. Polanyi）批判用资本主义经济学理论来研究小农经济中农户的行为，不应在分析小农经济的过程中把功利的理性主义世界化和普遍化。

"组织学派"启示我们，在分析小农农户经济行为时，不应简单地套用资本主义经济学的基本范式，而应深入分析产生小农农户行为的特殊制度环境和社会关系，不是简单套用传统经济学教条。

2.1.2.3 "拐杖逻辑"与农户经济

美国的汉学家黄宗智在对华北的小农经济与社会变迁中的小农家庭与

乡村发展进行深入分析后，在其著作《华北的小农经济与社会变迁》中提出了小农经济"半无产化"以及著名的"拐杖逻辑"。"半无产化"指农村的剩余劳动力无法进行转移，那些暂时离开小农家庭的多余劳动力因对小农经济仍心存眷恋，因而不可能成为"雇佣劳动者"。依据"半无产化"理论，黄宗智认为土地不仅仅是农户赖以生存的基础，更是农户集传统、情感、文化、尊严以及信仰于一体的思想寄托之地，以此提出著名的"拐杖逻辑"。"拐杖逻辑"是指在小农收入的两部分中，非农收入只是作为一种必要的补充，而不可能替代农业收入（即使非农收入已经超过农业收入），如果把家庭农业收入比作人的两腿一样，非农收入好比拐杖，往往是在两腿不太管用的时候拐杖才能派上用场。

当非农收入作为"拐杖"提高了农民收入，增加农民流动资金时，农民的借贷倾向就会降低；当非农收入减少，农民流动资金紧缺时，农民借贷倾向就会增强，农民借贷的主要动机仍是消费性的，而不是生产性的。"拐杖逻辑"说明了农户借贷行为的性质，即大部分农户的借贷需求是为了弥补农业收入不足，维持家庭周转的救助性而非商业性的贷款，救助性借贷的提供，除了借助熟人，就要依靠政府，从而决定了政府构建农村金融体系的根本出发点不能以盈利为目的，而是为农民、农业和农村的发展提供资金支持。

2.1.3　农户借贷行为基础理论

借贷是信用活动的主体，它是与商品生产、货币经济相联系的一个经济范畴。任何社会中的任何信用活动，归根结底都是由社会生产方式和商品货币关系的发展状况决定的，农户借贷也是如此。农户借贷作为金融资本的一部分，可以适用金融市场分析的一般方法。

2.1.3.1　交易费用理论

作为第一个提出"交易费用"的人，罗纳德·科斯认为交易费用是为了获取准确市场信息以及谈判和维护经常性契约所必须付出的费用。"科斯定理"认为无论权利如何确定，在交易费用为零的基础上，都可以通过市场交易实现资源的最优配置，由此得出"科思第二定理"：不同的权利界定（制度形式）在交易费用为正的情况下，会带来不同效率的资源配置方式。

交易费用包括两个部分：第一部分是事前交易费用，指为签订契约、谈判、保障交易双方的权利和义务等所付出的费用；第二部分是事后交易费用，指在签订契约后，为解决契约本身所存在的问题和从改变条款到退出契约所花费的代价和成本。事后交易成本表现为多种形式：交易双方为了达到保持长期的交易关系所付出的费用；交易双方发现事先确定的交易事项有误，变更其所要付出的代价和成本；交易双方取消交易协议需支付的费用和损失。

首先，交易费用是一种机会成本。因为资源的稀缺性，人们自然要对是否进行交易和采取何种交易方式进行选择，必然会产生机会成本。其次，交易费用是由于经济主体之间因为知识和信息不对称在利益冲突和调和过程中所造成的后果，任何一个经济主体都不可能完全无成本地掌握其他经济主体的所有信息。经济主体是有限理性的，因自身信息、经验和知识的限制，经济主体之间总是会发生利益冲突，交易费用是在利益冲突和调和过程中所损耗的资源。最后，交易费用是无法避免的。因为随着社会分工的进行，经验和知识的差异性、资源的稀缺性、利己的机会主义行为总是会合乎经济理性地存在。农户借贷行为是发生在农户与农户、农户与金融机构、农户和政府之间的以资金为交易对象的行为，农户借贷行为存在是为了获取正确准确的信息，进行信息搜寻、甄别、条件谈判和交易实施而发生的成本费用。

2.1.3.2　金融抑制理论

1973 年，美国经济学家罗纳德·麦金农（R. I. Mckinnon）和爱德华·肖（E. S. Shaw）先后出版了《经济发展中的金融深化》（*Financial Deepening in Economic Development*）和《经济发展中的贸易和资本》（*Money and Capital in Economic Development*）两本书，两人的研究对象都是发展中国家（地区）的金融发展问题，从与以往完全不同的全新视角论证了发展中国家金融发展与经济增长之间的辩证关系。他们认为在许多发展中国家，政府不同程度地实施"金融管制"政策，政府过多干预金融活动和金融体系，造成金融产品单调、金融机构形式单一和金融效率低下等现象，阻碍农村金融市场的正常成长，而滞后的金融市场发展又阻碍经济的进一步发展，形成金融抑制和经济滞后的恶性循环现象。金融抑制会在金融领域造成"非市场性风险"，体现为：（1）资金的价格扭曲。金融抑制的最主要特征就是对利率实行管制，过低的利率水平不能真实反映资金的稀缺程度和供求状况。（2）单一的金融市场结构。存在金融抑制的经济中，金融市场发育往往不健全，市场对金融资源的配置效率失灵。（3）市场分割，即二元金融结构（Financial Dualism），现代化的有组织的金融市场与传统落后的非正规金融组织并存的二元金融结构。（4）不利于经济增长。发展中国家经济货币化程度低，且又无法有效控制通货膨胀，会导致全社会储蓄水平低于最优水平，而较低的储蓄率会抑制经济增长。

"金融抑制"理论说明在发展中国家，政府普遍实施利率管制，政府实施低利率政策，从居民手中吸收廉价资金，从而有效降低投资成本，刺激社会整体投资。通过信贷配给解决资金供求的不平衡问题，将有限的资源投向符合政府宏观发展战略的行业和地区。由于我国农村金融体制内存在"金融抑制"，这种抑制造成金融市场的分割，使资金不能按照市场机制的原则进行分配，并且这种抑制随着市场化的推进，其阻碍作用日益明显。

2.1.3.3 信用理论

信用制度的建立是农户借贷行为发生的基础，在我国传统农业社会的伦理文化中，"诚信"作为道德范畴一直被人们重视和强调，深入人心占据重要地位。信用强调人内心的诚与实，与谋利没有太多的联系。但西方信用包含着工具理性的含义，马克思·韦伯认为"信用就是金钱"。正规金融主要依靠法律和经济条文来约束信用制度，信用基础建立在社会的规范化运行中，而非正规金融主要依靠传统文化、社会伦理和个体间相互了解来维护信用。

信用是一种借贷经济关系，但它首先是一个道德范畴，表现在人与人之间进行经济交往时，当某一经济主体与另一经济主体形成某种经济关系时，首先是基于相互间的信任，包括对行为结果会达到预期目标的信心和交易对方会有助于目标实现的相信。相互信任是发生借贷经济关系的前提。由于传统社会结构的巨大变迁，使得支撑传统信用的社会基础逐步被削弱，导致农村社会出现两种不同的信用景观：一方面，由于农村人口流动的加快和农村社区的不稳定加剧，使得传统的信用概念受到冲击，农民不讲信用的现象开始出现；另一方面，由于悠久的信用传统和乡土文化的熏陶，加上农村的市场化和商业化的加强，农民的市场观念和市场信用意识开始增强，这有可能成为一种新的农村信用伦理行为，使得农民和农户朴素的信用观念转变为市场经济下严格的签约意识和守信意识。信用的建设对于银行业金融机构而言，有利于增强涉农金融机构抵御风险的能力，在满足其逐利性的同时可以加大对农村金融的支持力度；对于农户而言，贷款难的问题可以得到更好的解决，从而满足农户生产与生活的需求（李建华，2009）。

2.1.3.4 农村社会学理论

农村是某个特定的人类历史发展阶段的产物，一般社会学者把以农业生产活动为基础的社会区域内，以从事农业生产劳动为主的居民聚居地称为农村。从社会关系的角度看，农村社会是农民基于血缘、地缘和业缘关系建立的，农民相互交往的产物。农民通过直接的社会联系和心理沟通所结成的比较亲密的社会共同体包括家庭、家族和邻里，这些社会共同体在农民生产和生活中发挥着基础性作用。农村社会具有下列特征：第一，形成这个群体的关键在于其成员有着相对一致的利益并密切相关，相互之间交往接触频率高；第二，农村交往体系的差序格局，在传统农村中的交往体系，是按照与自己亲缘关系的亲疏来安排的，农村交往中的这种差序格局极大地影响了农村商业关系的基本形态，也影响了农民的交往理念；第三，村民成员之间的角色具有多重性，相互之间存在复杂的社会群体关系，村民在生活与农业生产中互帮互助，感情上相互依赖；第四，农村社会的治理，一般是通过一些非正式的制度，非正式的控制手段包括村民的自觉性、舆论、乡规民约、习惯和伦理道德等，这些手段在农村治理结构中发挥着重要作用。对村落事务有裁判权的，往往是家族中有权威有声望的长辈，而依据的标准，又是这个村落中长期存在的伦理规范或乡规民约。

我国传统农村社会大都由许多相对独立的村落组成，一般社区规模都比较小。农户相互交往的圈际半径很短，如果有某位村民的行为和品质不符乡规民俗，非常容易被发现和传播开来，不仅给本人留下口头上的不良评价，甚至对此人家庭、所处的家族和农村社区也会造成一定程度的负面影响。农村的社会评价体系不同于城市可以用学历文凭和从事职业等来衡量一个人的信誉，而是依靠农村社区中邻里之间的舆论和评价等软性指标来评价，舆论口碑的激励虽然在形式上是软性的，但实际上的约束力往往超过硬性指标，对农民行为具有很强的约束力。我国农村金融机构和信贷组织，包括商业银行等正规金融机构和民间金融等非正规金融机构，如果能够充分发挥农村社会中的这些非正式的软性的社会评价机制在贷款发放中的作用，会大大提高贷款的回收率。

2.2 农村信贷市场与农户借贷

2.2.1 农村信贷市场理论

农村信贷市场作为整个金融发展的一个重要组成部分，必然会受到现代金融发展理论及其政策主张的影响。由于发展中国家在农村经济运行方式、金融组织方式、政府扮演角色和农村金融实践等方面存在差异，因而存在不同的农村金融发展理论流派，其中在农村金融市场领域有代表性的理论是农业信贷补贴论、农村金融系统论和不完全竞争市场理论，这三种理论分别对应于金融抑制论、金融深化论和金融约束论及其政策主张。

2.2.1.1 政府直接干预下的农村信贷市场

在 20 世纪 80 年代农村金融市场论被广泛接受之前，农业融资理论（Subsidized Credit Paradigm）一直是在农村金融理论界处于主流地位的传统理论学说，又称农业信贷补贴理论。该学说的主要观点有：农业的产业特点，农村居民特别是贫困阶层没有储蓄能力，农村经济发展面临严重资金不足的问题。农业收入的不确定性、投资的长期性和低收益性等使农业很难成为以盈利为主要目标的商业性金融机构的服务对象，使农村金融陷入困境。该理论的核心观点认为，为了增加农业生产和缓解农村贫困，政府有必要干预金融市场，通过建立专门的非营利性金融机构进行资金分配，引导资金流向农村地区。根据该理论，为缩小农业与其他产业之间的结构性收入差距，对农业融资的利率必须低于其他产业，而地主和商人发放的高利贷及一般以高利为特征的非正规金融加剧了农户贫困并阻碍了农业生产的发展，为抑制高利贷发展，使农民获得合理利率的资金，可以通过银行的农村支行机构和信用合作组织，为农村注入大量低息政策性资金（何安耐，2000）。在这一理论指导下，以贫困农户为对象的专项贷款兴盛一时，但其后的研究发现该理论的假设前提与现实不符，尽管农业融资理论看到了农业的弱质性特征，但其对农村居民特别是贫困阶层没有储蓄能力的假设与现实偏离较大，实践表明，即使是贫困的农村居民，只要存在储蓄机会和激励机制，多数贫困者都会进行储蓄。

迄今为止数十年农村金融实践证明，发展中国家依据这一理论通过设立专门的农村金融机构，将资金注入农村经济，在一定程度上促进了农业资金的增加和农村经济的发展。但由于农村储蓄动员不力，过分依赖外部资金，资金回收率低下，偏好向中上层融资等方面的问题严重，许多国家同时也陷入严重的困境。由于贷款用途具有可替换性，低息贷款并不能促进特定农业活动，很难实现其促进农业生产和向穷人倾斜的收入再分配目标。农村穷人不是低息贷款的主要受益人，贷款补贴被集中并转移到富裕的大农户身上。另外，政府采取通过金融机构直接提供补贴贷款的方式，由于政府不像其他市场主体，能因地制宜地利用分散的局部知识，与市场失灵相比，政府失灵程度会更大、效率会更低。因此，单纯从这一理论出发，很难构建一个有效率和自立的农村金融市场体系，农业信贷补贴论适用于农村金融市场失灵的地方。作为一个二元经济特征明显的发展中国家，该理论仍是我们构建农村金融市场理论和提出新政策主张的一个重要理论基础。

2.2.1.2 竞争性的农村信贷市场体系

20 世纪 80 年代以后，农村金融市场论又称农村金融系统论逐渐取代了农业融资论，该理论是在批判信贷补贴论和吸纳金融深化理论的基础上产生的，强调市场机制的作用，反对政策性金融对市场的干预。其主要理论是：（1）农村居民以及贫困阶层具有储蓄能力，没有必要由外部向农村注入资金；（2）低利率政策阻碍人们向金融机构存款，抑制了金融发展；（3）农村金融机构资金的外部依存度过高是导致贷款回收率低的重要因素；（4）由于农村金融具有较高的机会成本和风险费用，所以非正规金融的高利率是理所当然的。

该理论主张对传统农村金融理论进行改革，具体的政策主张有：（1）农村金融机构的主要功能是充当农村内部，资金盈余部门与资金短缺部门之间的金融中介，储蓄动员则是关键的关键。（2）为了实现储蓄动员，平衡资金供求，利率必须由市场机制决定，而实际存款利率不能为负数。（3）判断农村金融是否成功，应依据金融机构的成果（资金中介额）及其经营的可持续性和自立性来进行。（4）没有必要采取为特定利益集团服务的目标贷款制度。（5）民间金融具有存在的合理性，不应一律取消，应当将正规金融市场与非正规金融市场结合起来。

农村金融市场理论完全仰赖市场机制，在 20 世纪 80 年代受到广泛关注。但该理论忽略了农村金融存在市场性金融不能发挥的领域，如建立和维持市场运作秩序框架，政府一定程度地干预与介入，起着辅助和促进作用，其中部分理论可以为我国农村金融改革提供借鉴，如运用资金的外部依存度过高是导致贷款回收率降低的重要因素；应当将正规金融市场与非正规金融市场结合起来。

2.2.1.3　不完全竞争的农村信贷市场

20 世纪 90 年代以来，拉美和东南亚等国家和地区发生了严重的金融危机，揭示了市场机制并不是万能的，完全依靠市场机制无法培育出一个稳定和有效率的金融市场，合理的政府干预是非常必要的。在农村金融理论方面，理论学者认识到要稳定金融市场，减少金融风险，仍需要一些社会性的非市场因素的支持，斯蒂·格利茨的不完全竞争市场论就是其中的代表性之一。其理论认为农村金融市场是一个不完全竞争的市场，放款一方（金融机构）根本无法充分掌握借款人（不完全信息）的情况，如果完全依靠市场机制就可能无法培育出一个农村社会所需要的金融市场。为了补救市场失效，有必要采用政府适当介入金融市场以及借款人的组织化等非市场措施。

不完全竞争市场理论对农村金融市场发展的政策建议主要有：一是政府应创造一个稳定的低通货膨胀率的宏观经济环境，这是农村金融市场发展的前提条件。二是在金融市场发育到一定程度之前，与利率自由化相比，更应当注意用政策手段将实际存款利率保持在正数范围内，同时抑制利率的增长（包括存款利率和贷款利率）。若因此而产生信用分配和信用需求过度问题，在不损害金融机构储蓄动员动机的同时，可由政府从外部供给资金。三是为促进金融机构的发展应给予其一定的特殊政策，如限制新参与者等保护措施。四是在不损害银行最基本利润的范围内，政策性金融面向特定部门的低息融资是有效的。五是为确保贷款的回收，融资与实物买卖（肥料、作物等）相结合的办法是有效的。六是利用担保融资、使用权担保以及互助储金会等办法可以改善信息的不对称性。七是政府应鼓励并利用借款人连保小组以及组织借款人互助合作形式，来避免农村金融市场存在的因不完全信息导致的贷款回收率低下的问题。八是非正规金融市场效率一般较低，可以依靠政府的适当介入来加以改善。

该理论对中国农村金融改革具有启示和引导作用，为 20 世纪 90 年代以来一系列农村金融改革措施的出台提供了理论支持。我国农村经济发育程度低，农民储蓄水平低，资金极度缺乏，单靠农民自身力量进行农业生产再投资是不可能的，需要政策性金融和其他农村金融组织体系的支持。这一理论指导下的农户借贷行为是内在与外部干预共同的产物。

表 2-1　　　　三种农村信贷市场理论观点的比较

	农业融资论	农村金融市场论	不完全竞争市场论
政府干预金融市场的必要性	必要	不必要	当市场机制失效时是必要的
利率管制的必要性	进行低利率管制	自由市场利率	放松管制
对金融机构管制的必要性	必要	不必要	初期必要，逐渐放松管制
提高资金回收率的方法	指导性贷款，贷款回收率低	利用市场机制强化贷款回收	灵活运用贷款互助小组等金融或非金融手段
贷款资金的筹集	由农村外部注入	在农村内部筹集	主要为内部筹集，不足部分由政府提供
专项贷款是否有效	有效	无效	方法适当则有效
对非正规金融的评价	弊大于利	有效率的金融形式	政府应适当介入引导

2.2.2　农村金融促进农村经济增长理论

国内外经济金融理论界基于不同的假设前提对农村金融对经济增长的作用进行论述，研究集中于农村金融机构或市场与经济增长的关系，即农村金融的存在和发展是否能促进一国农村经济的发展。国内集中研究农村金融在筹集资金、资源配置等方面的作用。总的来说，促进农村经济增长是农村金融的综合功能，而筹集资金和资源配置等属于具体功能，最终都是为促进农村经济增长服务的。

2.2.2.1 农村金融发展提高资金配置效率

金融市场发展对经济增长具有重要促进作用，资源配置效率高的金融体制通过把资本从存款人转移给借款人，引导资源流向生产盈利性高的投资项目，达到资源的优化配置功能。农村经济领域中普遍存在资金分布不均衡的情况，一部分农户手中有剩余的投资和消费资金，同时另外一部分农户却发生资金短缺现象，农村金融机构作为储户与投资者的中介，通过吸纳农民和农村企业暂时闲置的资金为农村投资项目提供资金支持。农村金融系统的作用是通过利率杠杆来最大限度地将闲置资金调剂到资金稀缺部门，从而实现资源合理配置，使资金获得最大化的收益。在充分竞争的农村金融市场环境下，功能健全的农村金融市场把不同信息充分集中起来，形成农村金融资产的价格。农村金融市场利率水平的高低由资金供求状况决定，投资者通过比较投资收益率与市场利率作出投资判断，选择投资收益高和风险较小、具有较高流动性的项目，达到获取最高收益的目的。农村金融市场的资金调剂和配置功能，实现了消费的延迟和横向的资金融通，一方面优化了资金流向，提高了资金配置效率，帮助各个经济部门作出正确决策；另一方面，在一定程度上通过影响投资水平对农村经济发展产生了积极促进作用。

2.2.2.2 农村金融发展提高储蓄投资转化率

从理论上分析，由于农村金融中介的存在，一方面农村金融积累资本，提高了农村储蓄率和储蓄转化为投资的系数，使储蓄转变为未来消费变得容易，为农村经济的发展提供了更多的资金支持；另一方面，利息的存在使农民储蓄增值，农村金融制度的革新和农村金融市场的完善，以及金融产品的多元化为农民提供多样化的投资选择，提供了新的渠道和途径。一定的农村经济发展水平和农民收入及储蓄愿望条件下，金融工具种类的增加将促使农民储蓄方式由实物储蓄向货币储蓄转变，促进资本投入量的增加。

金融市场的功能可以降低信息成本和交易成本，农村金融市场的发展能够很好地解决储蓄者与投资者之间的信息不对称问题，降低借贷双方的风险，使资金流向更加透明化，从而可以提高农村储蓄投资转化率。经济理论和实践证明投资数量受储蓄量与储蓄向投资的转化率这两大因素的影响，在储蓄量一定的情况下，投资数量和质量完全由储蓄向投资的转化能力和方向决定。总体来看，农村金融中介在一定范围内提高了储蓄率，促进储蓄向投资的转化，增加了资本投入量，考虑到金融在现代经济中还可以创造超过储蓄量的信用货币，这种促进作用将更加明显。农村金融通过增加资本投入量吸纳农村剩余劳动力，金融领域自身也直接吸纳了就业，促进了劳动投入的增长。

2.2.2.3 农村金融发展提高农业生产效率

在资源总量一定的条件下发展农村经济，就要实现资源的优化配置和资金的合理利用，人力资本和技术创新是提高农业生产效率的重要方面，农村金融中介作为纽带将农业生产要素和其他资源联系起来，为这种技术创新提供充足的资金，提高农业生产效率，以此带动农村经济的增长。在农村经济中发挥着资源配置的作用，只有在完善的农村金融市场中才能实现资源配置功能。

古典经济学家提出决定经济增长的两大因素：专业化分工、劳动力数量的增加和资本规模的扩大，现代许多学者认为储蓄和投资是决定经济长期增长的根本原因，高储蓄量和投资量可以支持经济快速增长。理论和实证研究证明数量不是经济增长的持续动力，数量只能维持一定时期的经济增长，决定经济增长的根本要素是金融效率的高低。

1. 哈罗德—多马经济增长模型（Harrod – Domar Model）

哈罗德—多马模型阐明了资本投入和经济发展的关系，强调了资本投入对经济发展的重要作用。对于农业而言，这也说明一定规模的资金投入是其健康发展的必要条件。

哈罗德主要研究三个变量的相互关系。这三个变量分别是：实际国民收入增长率 G，$G = \Delta Y/Y$；储蓄率 s，即储蓄（S）在实际收入（Y）中所占的比例，$s = S/Y$；资本—产出比率 V，即生产一单位产量所需要的资本，$V = K/Y$，且 V 是常数。

根据资本—产出比率（V）应该等于边际资本—产量比率（$\Delta K/\Delta Y$），即

$$V = \Delta K/\Delta Y \tag{2.1}$$

把技术条件不变的假设条件 $I = \Delta K$ 代入式（2.1），得到

$$\Delta K = V\Delta Y \tag{2.2}$$

假设对资本的投资不存在折旧，所以 $I = \Delta K$，式（2.2）可以写成

$$I = V\Delta Y \tag{2.3}$$

根据国民收入短期均衡条件 $I=S$，$s=S/Y$，推出 $S=sY$。据此可以得到如下关系：$V\Delta Y=sY$，或写成 $\Delta Y/Y=s/V$，即

$$G = s/V \tag{2.4}$$

这就是哈罗德经济增长模型的基本公式。这个模型说明如果 V 不变，则 G 就取决于 s。如果 G 值能确保，则经济增长是稳定的，这时的 G 是均衡的增长率，说明经济增长率取决于社会储蓄率，通过提高储蓄率会提高农村经济增长率。

2. 内生经济增长模型

内生经济增长理论认为除了人口增长对经济增长的促进作用外，技术进步与资本集聚是经济增长另外两个重要推动力，金融体系之所以在经济增长中起重要作用，是因为能为资本集聚和分散新技术提供资金。内生增长理论是由 Romer 于 1986 年在其重要著作《收益递增经济增长模型》中提出来的，文中提出的"内生经济增长模型"，也被称为"罗默模型"、"罗默经济增长模型"（The Romer Economic Growth Model）。内生经济增长模型假设资本的边际产出是递增的，并由此引出金融因素。以简单 AK 模型来考察内生增长模型关于金融因素对最优增长路径选择的影响，强调资本积累的重要性，资本既可以是物质资本也可以是人力资本。

$$\frac{\Delta Y_{t+1}}{Y_{t+1}} = A\,\frac{\theta S_t}{Y_t} - \delta = As\theta - \delta \tag{2.5}$$

方程（2.5）为内生经济增长理论中 A 模型的表达式，它反映了均衡的农村经济增长率取决于农村资本边际生产率 A、农村储蓄率 s、农村总储蓄向投资的转化比例 θ 以及折旧率。农村金融资源的有效配置和开发可以提高农村储蓄率 s；农村金融体系的合理安排有助于提高农村储蓄转化为投资的比例 θ；农村金融市场和农村金融中介的存在可以提高农村资本配置效率。

2.3　我国农户经济行为及借贷行为分析

2.3.1　我国农户经济行为特征

《经济学百科词典》定义农户为：农户是以血缘和婚姻关系为基础而组成的农村家庭。农户是一个历史范畴，原始社会时期社会生产力水平极其低下，社会成员共同占有生产资料、共同劳动、平均分配劳动成果，以

维持最低限度的生产生活消费需要。随着生产力的进一步发展，社会出现第一、第二次社会分工，单个家庭成为独立的生产消费单位变为现实，农户也就出现了（丘兴平，2004）。农户的内涵有很多种，总结起来大致有三重含义：一是对户的职业划分，农户是以从事农业为主的户，它的对立面是工业、运输业、商业等非农业户，这类即英文的 Farming Household；二是对户的经济区位划分，农户是指居住在农区的户（Rural Household），它的对立面是城市或城镇户；三是对户的政治地位或身份划分（Political or Status Household），农户是指一些不享受国家任何福利待遇的户，其成员多是一些身份意义上的农民，政治地位相对低下（史清华，1999）。三种不同含义的"农户"的行为特征、经济特性相差非常之大。这里研究的农户是指居住在农村的居民，从事的职业包括农业、林业、畜牧业、手工业和个体工商业等，研究这些居民的借贷行为，即一种区位农户，即农村住户（Rural Household），是在联产承包制条件下进行小规模生产经营的农户。

农户经济行为是指农村居民家庭（个体或群体）为了满足自身的物质需要，并达到一定目标而表现出来的一系列经济活动过程，包括农户的生产、交换、分配和消费等经济活动。我国农户不同于绝大多数城市家庭，它不仅是一种生活组织，还是一种以家庭为单位的小型经济和生产组织，是农村经济最具有活力的细胞。农户作为小生产者，尤其在传统农区、欠发达地区，其经济活动存在一些明显的特征。据 2009 年《中国统计年鉴》公布的数据，2008 年底，我国乡村人口为 72 135 万人，占全国人口的54.32%，说明农户是中国现代经济社会生活中的重要经济主体。

2.3.1.1 农户多以家庭为基本组织单位开展经济活动

家庭是我国农村经济活动的基本单位，农户通常以家庭为单位进行生产经营、消费、积累财富等各种活动，这种特征是由传统农业社会的基本特点决定的，一个传统农业社会中的家庭就是一个独立的生产和投资决策共同体，一切生活消费物品基本都是由自己生产的，从而形成一个自给自足的单位。农户作为生产单位和消费单位的统一体，其生产决策和消费决策两者不可分割，农户作为生产单位时既是一个家庭又是一个企业，既是一种生活组织，又是一种生产组织，同时出现在消费和生产中，农户家庭内部各成员有着相同利益，以此作为生产经营活动中应当遵循的共同目标和行为准则。作为生活组织，农户的行为不仅是个体消费行为，而且是有组织的群体消费行为。作为生产组织，农户在进行生产决策时，只有安排好满足自身消费所需要的生产后，才会进行满足市场需求的生产。随着社会经济的发展，目前绝大多数的农户不是封闭地实现自给自足，而是要参与商品交换和劳动力市场的交易活动，农户收入来源呈多样化。因此，在农户经济行为分析中，一般将分析核心的基本单位放在农户家庭单元上。

2.3.1.2　行为理性与非理性并存、一致性与多样性并存

农民在面对市场进行生产决策和消费决策时，表现出来的是理性行为，农户根据市场供求及价格变动来组织生产，力争以最小的投入取得最大的收益。同时，农户的行为中也有着非理性的一面，由于农民只是部分参与市场，加之市场的不完全性，他们的行为是有条件的利润最大化。例如，农户在边际收益低于边际成本时仍继续追加劳动力等生产要素的投入，当比较收益低于其他生产项目时仍继续从事粮食生产。

整体来看，农户的行为具有相当的一致性。当某种农产品市场出现供不应求价格上涨时，大批农户一起涌向该产品的生产，使来年产量大增；而当这种农产品供过于求价格下跌时，农户又纷纷放弃该产品的生产，使下一年的产量急剧减少。这种一致性，在农户的生产行为中表现得十分突出。但是，由于各地的经济发展不平衡，农户内部又分为纯农业户、兼业户等不同类型，他们之间的行为差异性很大。如纯农业户以农业种植为主，生产内容单一，要素转移困难，对市场变化反应迟钝，无论市场如何变化，他们仍保持既定的投入，以争取获得最大产量。兼业户由于从事生产多样化，可以对市场变化作出灵敏的反应，根据比较收益和机会成本来确定资源在种植业和其他生产之间的分配。

2.3.1.3　农户从事农业生产和非农业生产，无经常性、固定的收入来源

农户不仅从事多种农业经营，而且还兼营非农产业，是一个从事农业生产和非农业生产的综合体。农户以从事传统的种植业生产为生，生产活动受自然条件及市场供求变化的影响，具有很大的不确定性，农户的收入存在较大的不稳定性；农户从事非农产业生产的目的是出于对家庭农业剩余劳动或剩余资源的重新安置或分配。但当农业的劳动和资源稀缺时，农户从事非农业经营的目的是农户对其资源在农业和非农业生产之间的一种

均衡分配。而且因其生产活动较为单一，收入有限，资产积累不足，贫困地区的农户更是如此。农户收入货币化程度低，生活消费水平也较低，加之居住分散、资金需求额度小，因此在商业信贷市场上难以获得信贷融资支持。

2.3.1.4 生产资金与生活资金用途区分不明确

农户是最基本的生产经营单位，它的行为与其他生产经营组织一样，具有追求利润最大化的动机，为了取得收入或利润是其经济目标，需要生产资金。然而，农户还有诸如生活的安全和保障、家庭的荣誉与地位等非经济目标需要生活资金，农户长期以来受经济活动特点和知识水平限制，生产和生活活动往往不做分离，没有将用于生产的资金加以区分利用的意识，这就导致部分农户借款后并不能保证借到的资金用于原来预想的途径，农户借入资金后的用途是比较随意的，而且大量调研发现，生活性用途是影响农户借贷的一个非常重要的因素，很大一部分借款是用于与生产性用途关系不大的生活方面，非生产性特征明显。

2.3.1.5 大多数农户对人力资本的投入不足

土地和农户自身的劳动能力是维持生计的基本保障手段。农户生产活动的分工和专业化水平很低，与此相联系，农户大多在人力资本的投入上也并不充分，大多数农户文化程度聚集在高中及初中水平，仅有个别农户具有大专及以上文化水平，原因主要是农户对知识的重要性认识不足以及受经济状况的制约无法支付高等教育所需的高额费用。

2.3.2 我国农户借贷行为特征

农村金融需求以及农村金融从根本上说产生于农村经济活动对资金融通的需要。农村经济活动的主体和基础是农业生产经营，农业生产经营是以农户为基本单位进行组织，农业生产经营过程出现的资金融通需求表现为农户的金融需求。农村金融不同于城市金融的特殊性，不是来自农村中小企业，而是农户。在我国经济加速转型的宏观背景下，农业、农村、农民都是一个不断变化的概念，而农户在质上比较稳定，是农村生产关系中的主导力量，农户的借贷需求在农村整体金融需求中占有举足轻重的位置。因此，从农户角度认识农村金融需求，应该是把握农村金融制度安排的关键和突破口。农户借贷需求的特征及其变化趋势，不仅是判断农村金

融体系和制度安排是否适当的标尺，而且是农村金融制度创新和优化的
依据。

据银监会统计，2007年底，我国有2.5亿户农户，其中有贷款需求的
约有1.2亿户，年度发生贷款行为的农户占50%左右。需求类型包括存
款、汇款和贷款等，需求目的分为生活消费、生产消费和发展需要等。与
其他经济主体的借贷需求相比较，农户借贷行为有这样的基本特征：（1）借
贷用途区分不明确，非生产性特征明显。农户借贷部分用于生产性投资，
部分用于各种非生产性的消费，尤其是炫耀性消费。基于小农经济文化传
统和宗教信仰体系的特殊性，这些炫耀性除了用于改善农户生活之外，主
要用于婚丧嫁娶等消费。大量研究表明，农户的借贷需求和农户的收入水
平具有较高的相关性，在农户收入水平较低时期，其借贷需求主要用于非
生产性的生活消费支出方面，随着收入水平的提高，其借贷需求将逐步转
变成生产性投资资金方面。（2）农户融入资金要求的期限较长，额度较
小。无论是从正规金融渠道获得信贷，或是通过非正规金融取得借款，农
户都要求贷款期限足够长，以适应农业生产的特点和生产周期的需要。作
为我国农村改革起点的土地承包制，在确定农户经营主体地位，重新构造
农村经济微观基础的同时，也造成土地规模狭小的小农户经济特征，导致
农户贷款需求呈现以小额为主的特征。虽然从整体上看我国农村居民金融
需求规模巨大，但单个农户的金融需求相对较小。我国2.5亿户农户，农
户平均土地经营规模为0.5公顷，单个农户的资金需求额度有限且非常分
散，导致农户和潜在的金融机构之间达成信贷合约的交易成本以及执行合
约的监督成本相对较高。（3）农户借贷收益低而风险较高，缺乏商业性金
融认可的抵押品。我国农业生产尚处于低级阶段，规模小、科技含量低，
市场组织化程度弱，农业生产效率普遍低于其他行业，农户借贷的收益也
相对较低。农户借贷风险既有来自于农业生产固有的市场风险和自然风
险，也有来自于农户生产性资金和消费性资金使用界限的模糊性。农户家
庭既是生产组织也是消费单位，效用最大化促使农户将生产性资金和消费
性资金统筹安排，而消费信贷通常无明确的还款来源，并且缺乏未来收入
作为偿还保障，也难以提供商业性金融认可的合格抵押品。农户控制的土
地、房产、农用设备等都是可能的抵押品，但这些抵押品的产权特征和经
济用途决定它们难以符合商业金融的要求而被排除在抵押品之外，无疑加

大了信贷风险。以上特点表明，农村金融制度应该有自己独特的发育和演化道路，要使农村经济不断成长，市场的自然发育和运作应受到某种程度的限制。（4）农户借贷倾向于依赖非正式金融体系。由于农户的分散性和借贷行为的随意性，正规金融机构与农户之间存在明显的信息不对称，导致信用评估和收回贷款的困难，因此交易成本很高，使得正规金融机构进入农村金融体系的意愿降低。我国国有商业银行大规模从农村地区撤出，不仅是一种自上而下的制度安排，更是基于交易成本计算的一种理性行为。在这种情况下，大银行无疑不愿向农户提供贷款支持，农户比较依赖非正规金融形式。（5）农户借贷倾向与农户非农收入呈明显替代关系。农户在家庭农业收入不足维持家庭周转时，有两个选择：一是增加非农收入，比如外出打工，或者通过家庭副业来提高非农收入；另一个是通过非正式借贷。这两种选择具有明显的替代性。小农经济的内在特征和农户的行为习惯决定农户只能在这两种方式之间选择，目的是维持一种稳定的小规模经济。（6）我国地域广阔，农户借贷需求存在明显的区域性差异。广大农村地区由于自然和生产条件的差异，农村经济社会文化发展存在区域不平衡，农户借贷需求也呈现明显的区域差异。落后地区的农户收入来源以实物收入为主，农业生产主要是维持简单再生产，农户负债能力低，贷款主要用于满足基本生活需要，以应付大项临时性支出；发达地区经济结构向多样化发展，农户生产呈现规模化和多样化，农户非农产业项目收入较高，生产性资金需求增大。

3 陕西省农户借贷行为宏观因素分析

陕西作为西部农业省份，经济发展水平相对落后于东中部地区，农村金融作为农业投入的主渠道，对陕西省农业和农村经济的发展起着重要的推动作用。在农村金融的融资主体农户、中小企业和基层政府中，农户是最具代表性的，是农村金融各种矛盾和问题的典型代表，其借贷行为必然受到农村金融发展水平的影响。对陕西农村金融发展对农民收入增长的作用进行分析，考察二者之间的关系是相互促进还是存在抑制，是分析农户借贷行为的宏观金融条件。

3.1 陕西省农民收入和金融支农基本面分析

地处西部地区的陕西省是一个典型的农业大省，是全国 13 个粮食主产区之一和西部重要的粮食生产基地。农业人口众多，陕西省辖 84 个县（县级市）、1 393 个乡镇、28 448 个行政村。据统计，2008 年，全省总人口为 3 762 万人，其中，农村人口 2 178 万人，农村人口占总人口的比例为 57.9%，农村劳动力人口为 1 947 万人，占农村总人口的 89.4%。

改革开放以来，伴随着 30 多年的经济增长，陕西农业和农村经济获得了快速发展，城乡居民收入水平和生活水平有了大幅度的提高。农民人均纯收入实现了三次突破，由 1978 年的 133 元增加到 1996 年的 1 165 元，突破 1 000 元大关；2005 年突破 2 000 元达到 2 052 元，2007 年实现农民人均纯收入 2 645 元，当年净增 385 元，增量与速度均呈现历史新高，农民人均纯收入呈现快速上升的良好势头。2008 年全省经济总量位居全国第 18 位，国内生产总值 6 851.32 亿元；人均可支配收入 7 228.96 元，农村居民人均纯收入 3 136 元，农业产值（第一产业 GDP）约占国内生产总值的 11.00%。2008 年陕西省农民人均纯收入 3 136 元，与全国的 4 761 元相比，相差 1 625 元，相当于全国的 65.9%，排名第 27 位，2004 年至 2008 年，陕西农民人均纯收入增加额为 1 269 元，同期全国的增加额为 1 825 元，陕西省比全国少增 556 元，与东部浙江、中部河南、湖北相比，分别

由 2004 年的相差 4 077 元、686 元、1 023 元拉大到 2008 年的 6 122 元、
1 318 元、1 520 元，与西部内蒙古相比，差距缩小，由相差 1 762 元缩小
到 1 520 元。但与 2007 年全国平均水平相比仍有很大差距，仅为全国平均
水平 4 140 元的 63.89%，说明陕西省农民收入增加依然缓慢，农民增收问
题仍是陕西省国民经济发展和农村经济发展的重要问题之一。农民增收缓
慢不仅会阻碍农业和农村经济的进一步发展，也必然会对陕西省整体经济
增长和社会发展带来不利影响，同时，随着经济利益在不同经济主体之间
不断进行重新分配和调整，陕西省城乡居民收入差距在波动变化中呈现出
逐步扩大的趋势。

　　城乡居民收入差距是指城镇居民的人均可支配收入与农村居民的人均
纯收入之比。从图 3-1 可以看出，陕西城乡居民收入差距与全国城乡居民
收入差距变动趋势基本一致，2008 年，陕西的城乡收入差距已达到 4.1:1，
其系数比全国高 0.69，远高于国际 2:1 的警戒线，陕西城乡收入差距高于
全国平均水平，且差距呈不断继续扩大趋势。

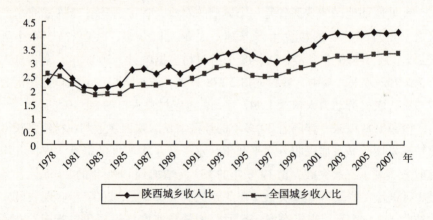

数据来源：中国统计年鉴、陕西统计年鉴。

图 3-1　陕西省与全国城乡收入比变动趋势比较图

　　提高农民收入需要调整农业产业结构，加强和改善基础设施建设，提
高农业生产科技含量水平和对农村劳动力的培训与教育等，所有对旧的生
产模式的改革与改造都需要大量的资金投入。金融投入作为资金投入的最
主要的渠道，通过解决农业生产和农民增收资金不足的问题达到农民增收
的目的。农村信贷投入是影响农户发展生产和农民收入增长的重要因素，

信贷投资的增加会带来农民收入的增长。按照西方经济学中的生产函数理论：在其他条件不变的情况下，资本的增加会带来产出的增加（Albert Park，A. 1998）。农村中信贷投资的增加，导致农民人均资本量的增加，从而引起人均产出的增加和人均收入的增长（许崇正、高希武，2005）。金融间接促进农民增收，发挥作用时间较长，短期内效果不显著，但实施比较灵活，金融投入能充分发挥市场机制作用，达到择优扶植、优胜劣汰的效果。

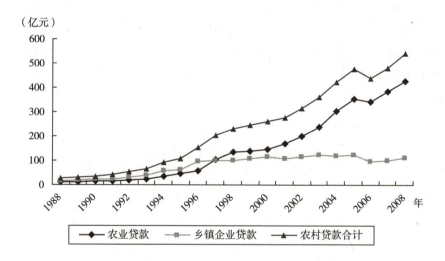

数据来源：陕西统计年鉴。

图 3 - 2　1988—2008 年陕西省金融农业支持总量变动趋势比较图

金融对农业投入总量增长势头强劲，2008 年末，陕西省正规金融机构的农村贷款余额为 540.71 亿元，其中农业贷款余额为 428.66 亿元，乡镇企业贷款余额为 112.05 亿元。农业贷款主要包括：农户贷款、农业经济组织贷款、农村工商业贷款、农户小额信用贷款和农户联保贷款五项，从图 3-2 可以看出，陕西省农村贷款一直呈快速增长趋势，表明农村金融在促进农户收入增长和农村经济发展中发挥重要作用，农村金融在陕西农村经济发展中占有重要的地位，构建农村和农民稳定增长的长效机制应该进一步加大金融对农村经济发展的投入机制建设，农村经济发展和农民收入增加的实现在更大程度上依赖于农村金融的发展。

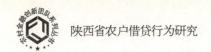

3.2 陕西省农村金融服务覆盖面分析

陕西省分为陕南、关中、陕北三大地区，不同地区生产要素丰裕程度存在差异，地区经济发展水平存在着较大差异，各地区的物质资源、资金水平、人力资源分布不均，从而导致不同地区农户的产业结构、收入结构和借贷行为偏好等方面存在着与生俱来的发展差距。例如，陕北地区丰富的矿产资源带动了经济的快速发展，关中地区农村经济的主导是传统农业，金融服务体系发达，陕南地区主要是山区，经济发展尚处于落后状态，主要发展经济作物，农业人口比例和贷款农户比例较高，不同的地区禀赋影响着农村金融机构的经营管理效益和支农服务水平。本书以2008年陕西省县域经济社会发展综合排名为依据，从陕北、关中、陕南三个地区，按高中低三个档次分别挑选出10个县，共计30个县，对三个地区的农户借贷的金融覆盖面进行测算（见表3-1）。

表3-1　　　　　2008年样本县经济社会发展排名情况

陕　　北		关　　中		陕　　南	
县名	位次	县名	位次	县名	位次
延川县	37	周至县	38	南郑县	27
子长县	30	户县	17	城固县	35
安塞县	9	凤翔县	10	洋县	69
志丹县	4	千阳县	50	勉县	40
洛川县	16	三原县	19	汉阴县	57
神木县	1	乾县	23	紫阳县	65
横山县	14	武功县	25	旬阳县	34
靖边县	2	大荔县	58	洛南县	56
绥德县	61	蒲城县	29	丹凤县	71
子洲县	33	富平县	63	山阳县	67

数据来源：陕西统计年鉴。

3.2.1 衡量金融发展水平指标说明

2008年末，陕西省农村地区银行业金融机构网点共有3 435个，占全省机构网点总量的55%，平均每个乡镇分布银行业金融机构网点4.49个，低于全国平均水平（6.56 个/乡镇）。银行业金融机构的贷款支持农户数为 328 0224 户，占农户总数的 49%。2008 年陕西省银行业金融机构各项存款余额 10 266.17 亿元，其中，农村地区存款 2 836.54 亿元，占 28%；各项贷款余额 5 868.07 亿元，其中农村地区贷款 1 187.42 亿元，占 20%；全省涉农金融机构的贷款余额与存款余额的比值达 41.9%。2008 年全省农村信贷资金净流出额为 1 649.12 亿元，占涉农金融机构总贷款的 28.1%，说明陕西省农村地区一半以上的存款闲置，大量存款并没有服务农村经济发展，而大量流入城市地区，反映出陕西农村地区系统负投资现象较为严重，制约了农村贷款的供给。所以，不能用农户储蓄量来衡量农村金融发展水平，否则会使衡量结果不具有可信性。衡量金融业发展水平一般包括两个指标，金融深度和金融广度指标。依据麦金农"金融深化"理论，金融深度通常是以广义货币供应量 M_2 与 GDP 的比率（M_2/GDP）作为衡量一国经济金融化程度的指标，它反映着一个国家或地区经济发展进程中金融货币化不断深化的过程，一般常用金融深度的指标，存贷款总额与 GDP 的比率（FDR_1）和信用总量与 GDP 的比率（FDR_2）以及金融相关率等表示，但这些指标只能利用存款加贷款的数据作为金融资产一个窄的衡量指标，衡量金融发展深度需要添加贷款质量指标和贷款对存款的转换效率指标。金融宽度是指人们在经济活动中金融服务的可得性，即一国金融产品的丰富程度、金融工具的创新力度等。例如一个国家全部金融资产的结构指标，一国居民财产的结构指标等均可用于衡量金融宽度。一些常用的金融深度指标如贷款与 GDP 的比值，在一定程度上可以反映金融广度，但并不能完全反映。比如，一个地区的总贷款规模虽然在不断增长，但是很可能是向原来的借款人发放了更多的贷款，借款人的范围并没有扩大，很多穷人和小企业依然没有获得贷款。

对农户居民的金融服务覆盖面是衡量农村金融发展水平的重要方面。农村金融服务覆盖面是指农村金融机构所提供的存款、贷款、汇兑与结算和保险服务，在多大程度上成功地服务目标客户以及在多大程度上满足了目标客户对这些金融服务的需求。我国农村经济长期实行家庭联产承包责任制，农村经济主体是分散的农户家庭、个体工商户、乡镇企业和农村小企业，经济主体规模小，因而融资需求分布比较广。所以，农村金融服务覆盖面至少包括两个方面的内涵：一是农村金融服务覆盖的广度，指农村需求主体获得金融机构提供存款、贷款、汇兑结算和保险等服务的方便性和可获得性，主要用提供各种金融服务的农村金融机构数量与农民、农户和农村行政村镇数量的比例来衡量。一方面，考虑有贷款功能的农村金融服务网点对农村家庭和农村金融服务网点的覆盖面，来反映农户和农村中小企业获得贷款的潜在可获得性；另一方面，考虑贷款对农村经济主体的覆盖面，以反映贷款的实际可获得性，即可以满足多少企业和农户的资金需求（刘亦文、胡宗义，2010）。二是农村金融服务覆盖的深度，主要是指各种金融服务的供给量对需求主体需求的满足程度。农村金融机构不仅要在数量上深入农村地区，为农民服务，而且要保证农村经济主体的金融服务需求能够得到满足。既有广度又有深度的覆盖面才是有效的覆盖面，空有广度而无深度的覆盖面是没有意义的，农村金融深度和农村金融广度加强会减小城乡收入差距。本节参考刘亦文和胡宗义的分析方法，运用陕西省的各县金融微观数据，结合各县农村经济发展的实际情况，综合考虑信贷资金规模、质量以及分布，从农村对金融资源的利用程度出发来衡量各区域农村金融发展水平。

3.2.1.1 农村金融深度指标

金融深度反映了经济金融化程度，从贷款质量和数量两个方面来衡量区域农村经济的金融化水平，按照综合评价的思想将其合成为农村金融深度指标。

1. 农村贷款/农业生产总值（X_1）。农村金融发展的规模指标，从数量上反映了农村经济金融化程度。农村贷款余额等于乡镇企业贷款余额与农业贷款余额之和。相关数据来自于《中国银行业农村金融服务分布图集》。

2. 不良贷款/农村总贷款（X_2）。这一指标反映了农村贷款的运营效率，为逆向指标。

3. 农村存款/农村贷款（X_3）。用储蓄与贷款的比率衡量金融中介将储蓄转化为贷款的效率的做法，以农村存款/农村贷款反映农村存款转换为贷款的效率。该指标为适度指标，一般以 0.75 为其最优值。

3.2.1.2 农村金融广度指标

农村金融广度描述了农村金融服务的覆盖面，涵盖存款、贷款、汇兑、结算和保险等多个方面，指标包括农村金融机构数、营业网点、职工人数等，是农村金融市场金融供给主体数量表征。考虑数据的可得性，结合考察农村金融服务现状，采用多个指标来从各方面描述农村金融广度，将这些指标合成为金融广度指标。

1. 村农户数/有贷款功能的营业网点（X_4）。该指标反映了每个有贷款功能的营业网点可以服务的农户数，为逆向指标，反映农村金融机构贷款服务的可得性和方便性。

2. 营业网点数/土地面积（X_5）。该指标反映了各县每平方公里的营业网点数。

以上两个指标都反映了贷款服务的人均或户均可获得性，忽视了各县人口密度的差异性。在人均可获得性一样的情况下，人口密度越小的地方，贷款服务的便利性越差。

3. 获得贷款的企业数/企业总数（X_6）。该指标反映了每百户农村小企业中有多少获得贷款，即目标客户达到率，用来衡量农村金融机构贷款对于农村中小企业的总体覆盖程度。

4. 获得贷款的农户数/农户总数（X_7）。该指标反映了每百户农户中有多少获得贷款。

X_6 和 X_7 表示已经获得贷款的小企业数和农户数占比，用来衡量农村金融机构贷款用于农村中小企业和农户的总体覆盖程度。

3.2.1.3　数据说明

实证分析的数据皆根据《中国银行业农村金融服务分布图集》、2009年《陕西统计年鉴》以及2006年、2007年《中国金融年鉴》中相关数据整理而来。其中，农村金融分布图集只采用了中国农业银行、农业发展银行、各农村信用社、农村合作银行、农村商业银行以及邮政储蓄银行农村金融机构的相关数据。

3.2.2　陕西省农村金融区域发展指标的合成与实证分析

3.2.2.1　指标类型一致化

由于指标 X_2 为逆向指标，所以按照公式 $X'_{i2} = \max\limits_{i=1}^{30}(x_{i2}) - x_{i2}$，将其转化为正向指标。其中，$x_{i2}$ 为第 i 个城市指标 x_2 的具体数值，x'_{i2} 为正向化后的第 i 个城市指标 x_2 的具体数值。x_2 正向化后记为 x'_{i2}。指标 x_3 为适度指标，一般认为的最优值为 0.75。结合实际，按照 $x'_{3i} = 1 - [0.75 - x_{3i}]$，将其转化为适度指标，该指标以 1 为最优值。结合实际发现 x'_{3i} 的值均小于 1，所以可以将该适度指标认为是正向指标，即指标 x'_{3i} 越大的城市，农村金融深度越大。x_3 正向化后记为 x'_{3i}。

3.2.2.2 为了消除各指标数量级不一样所产生的误差

在将原始指标转化为正向指标之后，将各指标按照最大值减去最小值的方法进行标准化，将所有指标都投影到 [0，1] 上，计算公式为

$$X''_{IJ} = \frac{X_{IJ} - \min\limits_{j=1}^{30}\{X'_{ij}\}}{\max\limits_{j=1}^{30}\{X'_{ij}\} - \min\limits_{j=1}^{30}\{X'_{ij}\}} \tag{3.1}$$

其中，X'_{ij} 为原来的指标，X''_{ij} 为标准化后的指标。

3.2.2.3 指标权重的确定

指标赋权的方法很多，包括变异系数法、层次分析法、主观赋权法、熵权法等。变异系数法是使用比较广泛的客观赋权方法，既可以体现各指标的变动程度，又可以解决不同指标之间的可比性问题。按照变异系数赋权的思想，对标准化后的各指标进行赋权，最后求得各指标的权重依次为 0.429648824、0.152739233、0.417611943。

3.2.2.4 指标的合成

按照公式（3.2）可以求出各县的金融深度指标，如表3-2所示。

$$x_i = \sum_{i=1}^{30}\sum_{j=1}^{3} X''_{ij} w_j \tag{3.2}$$

3.2.2.5 农村金融深度、广度指标分析

按照金融深度指标对陕西省30个县进行排序，结果如表3-2第2列所示。农村金融广度指标合成的具体方法与农村金融深度指标相同，求出的各省农村金融广度指标如表3-2第4列所示。

表3-2   样本县金融广度、金融深度和城乡收入比排名表

	深度指标	深度排名	广度指标	广度排名	城乡收入比
陕北地区					
延川县	0.478697882	3	0.106029618	28	3.77
子长县	0.160356502	27	0.140168911	24	3.83
志丹县	0.43843922	4	0.232963302	13	3.31
洛川县	0.240236479	12	0.080651959	29	3.71
神木县	0.646973547	1	0.06979	30	2.64

	深度指标	深度排名	广度指标	广度排名	城乡收入比
横山县	0.323368781	7	0.127173719	25	2.67
靖边县	0.260415172	11	0.115000085	26	3.60
绥德县	0.198503648	20	0.110301167	27	3.07
子洲县	0.193572038	21	0.210841511	18	2.87
吴堡县	0.325331718	6	0.221974036	15	3.86
关中地区					
周至县	0.114941095	28	0.287653302	8	2.89
凤翔县	0.305348998	9	0.359450402	5	2.61
千阳县	0.113948228	29	0.221914349	16	3.07
三原县	0.184867747	24	0.617257506	1	2.58
乾县	0.22064852	17	0.611571665	2	2.83
武功县	0.222955808	15	0.554850271	3	3.33
蒲城县	0.400667222	5	0.317216355	7	2.34
扶风县	0.307589487	8	0.252690207	10	3.30
韩城县	0.512326212	2	0.201368963	19	3.50
高陵县	0.081842435	30	0.450121527	4	3.66
陕南地区					
南郑县	0.191137161	22	0.247760191	11	3.03
城固县	0.174685804	25	0.216158087	17	3.14
洋县	0.237443388	13	0.226652884	14	4.00
勉县	0.221712868	16	0.354990576	6	3.32
汉阴县	0.186313923	23	0.193491738	21	3.60
紫阳县	0.173934328	26	0.181210466	22	3.70
旬阳县	0.279640503	10	0.247679183	12	3.63
洛南县	0.206045582	19	0.257653154	9	4.54
山阳县	0.228959189	14	0.196443015	20	4.08
商南县	0.214746073	18	0.164225954	23	4.42

由表 3-2 可以看出，在选取的关中、陕北和陕南各 10 个县中（共计

30 个），金融广度排名：关中地区有 8 个县排前 10 位，陕南地区有两个县排前 10 位，陕北地区有 7 个县排名倒数后 7 位。金融深度排名：关中地区有 4 个县排前 10 位，陕南地区有 1 个县排前 10 位，其余县基本位列中等水平，陕北地区有 5 个县排名前 10 位，其中三原县的金融广度最大，乾县次之，神木县最差；神木县的金融深度状况最好，韩城县次之，高陵县最差。

从以上分析可以看出：（1）陕西省农村金融发展存在明显的地区差异性，关中地区地势相对平坦，人口密度大，金融网点多，金融服务体系发达，农户金融服务的可得性高，农村金融产品的丰富程度和金融工具的创新力度能较好地满足农户的需求；陕南有得天独厚的农业资源优势，农业综合开发利用程度高，农业人口比例和贷款农户比例较高；陕北能源基地的发展带动了当地经济的高速发展，农户收入水平高，相应地手中的金融资产数量就多。（2）金融深度是指金融资产的数量增加，说明陕西省区域经济发展进程中金融化程度不断得到加强和深化。根据 McKinnon（1973）和 Show（1973）的理论，经济越发达，金融越发展，金融深化率越高。近年来，神木县依托资源优势，抢抓国家级陕北能源化工基地建设的战略，经济社会持续快速发展，目前已跻身全国百强县。2008 年 10 月底，全县新增民营企业 210 户，新增个体工商户 2 350 户，实现产值 158 亿元，同比增长 20%，神木县境内 23 家银行业金融机构（数量为长江以北地区县级最多）存款余额达 272 亿元，比年初增加 67%，居民储蓄存款人均 4.2 万元，为全国最高。而相比于神木县的金融深度，其金融广度反映了农户融资渠道较为单一，融资难问题没有得到根本解决，发展相对缓慢。另一个可能原因是神木县商业银行的总体效率水平不高，资源配置的合理性不足，金融工具单一。（3）增加农村金融服务机构数量，提高农村金融机构存贷款服务覆盖面的广度。因而，应该适度增加陕南和陕北农村欠发达地区的金融机构网点数量，在经济较好地区积极发展新型金融机构，提高农村信用社的支农效率，大力发展农村小额信贷和农户联保信用贷款，提高农户获取各种金融服务的可得性和方便性。（4）增加农户贷款额，提高农村金融机构贷款服务覆盖面的深度。目前陕西省农村贷款整体覆盖面广度不够，很多农户无法获得贷款，另外，对于能够获得贷款的农户来说，金融机构所提供的贷款数量过低，远不能满足农户资金需求问题。因此，在扩大农村金融服务覆盖面广度的同时，金融机构应增加农户的贷款数额，使农户不仅能得到贷款，而且能够"吃饱"。

3.3　陕西省农村金融发展与农民收入增长的关联度分析

为进一步研究陕西省农村金融发展与农户收入增长的数量关系，本书采用灰色系统理论对其进行关联分析。

3.3.1　研究方法和指标设计

1. 研究方法。灰色关联分析是一种研究事物之间、因素之间关联性的多因素分析方法，它是根据事物或因素的时间序列曲线的相似程度来判断其关联程度，若两条曲线的形状彼此相似，则关联度大；反之，关联度小。灰色关联分析的基本任务是基于行为因子序列的微观或宏观几何接近来分析和确定因子之间的影响程度或对因子对主行为的贡献测度。

2. 指标设计。为了揭示陕西省农村正规金融发展与农户收入增长之间的关系，本书采用两组指标反映陕西省农村金融发展水平和农户收入增长状况：（1）农户收入增长指标。在《陕西省统计年鉴》上选取农村居民家庭人均纯收入指标（农户纯收入）。（2）农村金融发展指标。农村金融发展指标分为两类：第一类，反映政策金融支农的程度指标。根据中国人民银行货币信贷收支的统计，选取"农业贷款"作为农村金融变量。根据目前农业贷款指标统计，其构成主要包括：农户贷款、农业经济组织贷款、农村工商业贷款、农户小额信用贷款和农户联保贷款五项，而这些项目大都与农村经济发展密切相关，直接或间接促进第一产业（农业）的发展和农村经济的增长，故此"农业贷款"也可以视为狭义的农村正规金融指标。为了更为全面地反映农村正规金融对农村经济增长的作用，考虑到乡镇企业在农村经济中的重要位置，还将分析"乡镇企业贷款"与农村经济增长的关系，因为虽然乡镇企业贷款用途和经济增加值理论上都应计入第二产业，由于其在地域上与农村经济的天然联系，正规金融对乡镇企业的作用也会间接促进农业和农村经济的发展。将"农业贷款"和"乡镇企业"贷款进行加总，得到"农村贷款"指标，以此作为广义农村正规金融指标。第二类，农村金融规模指标，采用农业存款与农户储蓄之和来反映农村金融的发展。

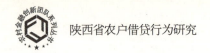

3.3.2 灰色关联分析

3.3.2.1 灰色关联的相关描述及分析流程

灰色关联分析的基本任务是基于行为因子序列的微观或宏观几何接近来分析和确定因子之间的影响程度或对因子对主行为的贡献测度,是一种研究事物之间、因素之间关联性的多因素分析方法。灰色关联分析主要是在不完全的信息中,通过对所要分析的各个因素进行一定的数据处理,从而在随机的时间因素序列中找出之间的关联度并进行量化的一种方法。该方法在实质上反映了影响因素随时间序列的变化关系。灰色关联分析对样本要求低,样本容量可以很小,在不了解样本的分布状况的条件下对系统因素进行关联分析,该方法有效地弥补了传统方法(如回归分析、方差分析、主成分分析)对样本要求高的缺陷。同时,灰色关联分析特别适用于时间序列数据,它能充分考虑到数据对象随时间变化而改变的特征,在随时间改变其变化趋势的情况下,灰色相关理论更能准确、快速地反映出这些变化。因而该方法非常适合于分析农村金融发展水平与农户收入增长的关系,步骤如下:

灰色系统理论创始人邓聚龙教授提出了用下列方法来度量关联度(相对关联度):设 $X_0 = \{X_0(t) \mid t = 1, 2, \cdots, n\}$ 为参考序列(也称为主行为因子),$X_i = \{X_i(t) \mid i = 1, 2, \cdots, m\}$ 为被比较的序列(也称相关行为因子),则关联系数为

$$\zeta_i = \frac{\min_i \min_t | X_0(t) - X_i(t) | + \rho \max_i \max_t | X_0(t) - X_i(t) |}{| X_0(t) - X_i(t) | + \rho \max_i \max_t | X_0(t) - X_i(t) |} \tag{3.3}$$

其中,$\rho \in (0,1)$ 为分辨系数,整条曲线 X_i 与参考曲线 X_0 的关联度 r_i 为

$$r_i = \frac{1}{n} \sum_{i=1}^{n} \zeta_t, \ t = 1, 2, \cdots, m \tag{3.4}$$

将求得的 m 个关联度 $r_i(i = 1, 2, \cdots, m)$ 按自大到小顺序排序,得关联序集,且依此断言居前者对 X_0 的影响(或紧密程度)较在后者要大。灰色关联分析模型具体计算步骤如下:

第一,确定主行为因子和相关行为因子。

第二,对原始数据进行无量纲化处理。由于统计得到的原始数据,数列单位不同或者量纲不同,为使各因素之间具有可比性,必须将原始数据

进行标准经处理，消除量纲。关于无量纲化的处理方法有多种，本节采用均值化法，即每列数据除以其均值可得均值化数列。

$$X_i^{\wedge}(t) = \frac{X_i(t) - \overline{X_i(t)}}{S_i} \tag{3.5}$$

其中，$X_i(t)$ 为原始数据，$\overline{X_i(t)}$ 为 $X_i(t)$ 的平均值，S_i 为 $X_i(t)$ 的标准差，$X_i^{\wedge}(t)$ 为标准化处理结果。

第三，求标准化后主行为因子数列 $X_0^{\wedge}(t)$ 与相关行为因子 $X_i^{\wedge}(t)$ 的绝对差，并确定出最大值 $\Delta\max$ 与最小值 $\Delta\min$：

$$\Delta X_i = |X_0^{\wedge}(t) - X_i^{\wedge}(t)| \tag{3.6}$$

第四，计算关联系数：$\zeta_i(t) = (i = 1, 2, \cdots, m, t = 1, 2, \cdots, n)$

$$\zeta_i(t) = \frac{\Delta\min + \rho\Delta\max}{\Delta X_i + \rho\Delta\max} \tag{3.7}$$

第五，求关联度：

$$r_i = \frac{1}{n}\sum_{i=1}^{n}\zeta_i(t) \tag{3.8}$$

3.3.2.2 农村金融发展对农户收入增长分析

1. 各因素及序列值。在关联分析中，称参考序列为母数列（或母因素），比较序列为子数列（或子因素）。本书采用的母因素序列为，Y1（存款规模1）：金融机构农业存款余额/金融机构各项存款余额（%）；Y2（存款规模2）：农户储蓄/金融机构各项存款余额（%）；Y3（贷款规模1）：农业贷款/金融机构各项贷款余额（%）；Y4（贷款规模2）：乡镇企业贷款/金融机构各项贷款余额（%）；子因素农村经济发展状况指标为，X1：农村人均纯收入（元）（见表3－3）。用均值化法对原始数据进行无量纲处理（见表3－4）。

表3－3　　　　　　　　　　各因素序列值

年份	Y1	Y2	Y3	Y4	X1
1988	0.08392051	0.17442441	0.042569278	0.065730746	196.7851924
1989	0.071064865	0.181813847	0.03895856	0.060019794	235.7414449
1990	0.063567973	0.180215205	0.037926951	0.055214216	276.1855133
1991	0.059053777	0.176498085	0.037332524	0.052921551	289.1174878

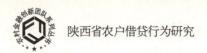
续表

年份	Y1	Y2	Y3	Y4	X1
1992	0.062551805	0.172698208	0.037687327	0.056628424	308.1587652
1993	0.069028492	0.163451379	0.037308085	0.059908216	339.0446521
1994	0.018792728	0.139020838	0.03762042	0.06088358	429.5624333
1995	0.016678679	0.142193485	0.041746501	0.05392327	517.1858217
1996	0.016506159	0.135841154	0.042254985	0.072412142	568.8476563
1997	0.018535687	0.142963598	0.063936513	0.063459172	613.0725191
1998	0.019680447	0.133320759	0.071490799	0.05318681	592.9987347
1999	0.020012598	0.120206819	0.066206359	0.051198429	576.1772853
2000	0.024586832	0.13012373	0.067383401	0.052358563	563.2183908
2001	0.020574809	0.103582338	0.066777059	0.046057964	575.1040484
2002	0.01975373	0.097460159	0.068163711	0.039009271	577.2151899
2003	0.020937929	0.091204198	0.067551232	0.034432027	593.064402
2004	0.020926459	0.090919229	0.079350757	0.03132198	621.5046605
2005	0.02057557	0.093478922	0.088484311	0.031178512	639.0532544
2006	0.023119665	0.096671868	0.076825856	0.021217908	652.4249423
2007	0.028321251	0.09813454	0.0747877	0.019263203	694.0435581
2008	0.029049558	0.103885044	0.070773114	0.018499807	744.0094899

表 3-4　　　　　　　　无量纲化处理结果

年份	Y1	Y2	Y3	Y4	X1
1988	2.423315407	1.323255039	0.73568329	1.381968681	0.389764963
1989	2.052091693	1.379314329	0.673282772	1.26189767	0.466924134
1990	1.835609063	1.367186376	0.655454472	1.160861869	0.547030166
1991	1.70525569	1.338986786	0.645181578	1.112659288	0.572644037
1992	1.806265853	1.310159362	0.651313294	1.190595158	0.610358372
1993	1.993288731	1.240009126	0.644759221	1.25955177	0.671532877
1994	0.542664807	1.054669036	0.650156995	1.280058501	0.850818011
1995	0.48161885	1.078738034	0.721464035	1.133720141	1.024370331

年份	Y1	Y2	Y3	Y4	X1
1996	0.476637102	1.030546646	0.730251662	1.522442965	1.126694967
1997	0.535242396	1.084580423	1.104952344	1.33420954	1.214289474
1998	0.568298864	1.011425899	1.235505697	1.118236278	1.174530091
1999	0.577890162	0.911938175	1.14417989	1.076431191	1.141212485
2000	0.709977188	0.987171924	1.164521558	1.100822641	1.115545294
2001	0.594124747	0.785818056	1.154042738	0.968354504	1.139086765
2002	0.570415004	0.739372699	1.178006883	0.820157897	1.143268223
2003	0.604610302	0.691912409	1.167422001	0.723922761	1.174660156
2004	0.604279103	0.68975052	1.37134168	0.658534975	1.230990697
2005	0.594146716	0.709169399	1.529187983	0.655518606	1.265748531
2006	0.667610828	0.733392401	1.327706291	0.446099984	1.292233325
2007	0.817813472	0.744488829	1.292482815	0.405002895	1.374665739
2008	0.838844286	0.788114502	1.223102656	0.388952749	1.473631364

2. 结果及讨论。计算各母子因素间的关联度（见表3-5）。从以上关联度数据分布范围来看，各项指标关联度处于0.5826~0.8540，可见，陕西省农村金融发展水平与农户收入增长的关系密切，但影响效果不同，具体分析如下。

表3-5　　　　农村金融发展各项指标与农户收入增长关联度

	X1
Y1	0.5826
Y2	0.6594
Y3	0.8540
Y4	0.6486

（1）$Y3 > Y2 > Y4 > Y1$，说明陕西省金融机构各项贷款余额中农业贷款对农民增收影响最大；其次是金融机构各项存款余额中的农户储蓄、乡镇企业贷款；最后是金融机构农业存款余额。$X1$和$Y3$关联度数值高于其他因素的关联度，说明陕西省农村正规金融中农业贷款对农民增收的影响

最大，因此，加大对农村的贷款力度对于提高农户纯收入尤为重要。$Y2$ 与 $X1$ 的关联度与 $Y4$（乡镇企业贷款规模）与 $X1$ 的关联度较相近，都较高，说明：第一，农户的资本积累对农户发展生产，促进收入增长的贡献度较大。第二，陕西省正规金融机构应继续加强对乡镇企业的金融支持力度，满足乡镇企业的贷款需求，这一点与实际情况（发展乡镇企业可以增加农民的就业机会和提高农民收入）相符，既解决了乡镇企业融资难的问题，同时也带动了当地经济发展和农民增收。

（2）$Y1$ 与 $X1$ 数据的关联度明显低于其他因素的关联度，$Y1$ 的贡献度最低，农业存款对陕西省农户收入增长的贡献度低，说明存款规模对农户收入增长的贡献度不大，相比较，显示了农村金融体制下陕西省正规金融机构的贷款规模对农村经济增长起到了一定的积极作用。农业贷款规模和乡镇企业贷款规模与农民收入的增加值紧密相联，乡镇企业作为安置农业剩余劳动力的主要载体，是农民工资性收入增加的重要来源之一，增加乡镇企业的贷款规模，可以壮大乡镇企业实力，为农民提供更多的就业岗位，增加农民收入。

3.4　陕西农村金融发展对农民收入增长的效应分析

农民收入增长是解决"三农"问题的关键，对中国经济和社会发展有特别重要的意义，相关研究广泛而深刻。然而，纵观有关农民收入增长的研究不难发现，金融发展与农民收入增长关系的研究，一直被隐含在金融发展与经济增长的研究之中，金融发展与农民收入增长的关系自然地被金融发展与经济增长的正向关系所替代。大部分学者研究认为金融发展对经济增长发挥了举足轻重的作用，那么农村金融中的农户借贷行为作为现代金融体系的重要组成部分，农村金融发展对农户借贷行为的发生也必然会产生一定的影响。

以往实证研究多选用我国金融时间序列数据进行分析，很少选用区域或者省份的金融数据来进行实证研究，我国是一个省间、省内发展差异性比较大的国家，农村金融发展的区域差异性很大，"一刀切"的经济和金融发展政策是不能适应各地区经济发展的实际需要的。陕西作为西部农业省份，其经济发展、农民增收离不开农业和农村经济的发展，同样也离不开农村金融的发展。在此情况下，只有深入研究陕西农村金融发展与农民收入增长之间的关系，搞清两者之间的关系，对陕西省宏观农村金融改革和农民收入增长，具有重要的理论和现实意义。本节在前一节的基础上，对农村金融发展和农户收入增长之间的关系进行分析，指出宏观金融环境对农户收入增长的影响。

3.4.1　指标设计、计量模型与数据来源

3.4.1.1　指标设计

本书将采用两组指标反映陕西省农村金融发展和农户收入增长状况。首先农民收入增长指标：选择《陕西统计年鉴》中的 1988—2008 年农民人均纯收入的数据进行分析研究，以 1987 年为基期对农村居民人均纯收入进行物价指数平减，农民人均纯收入（用 Y 表示）作为衡量农民收入增长指标变量。其次选取衡量陕西省农村金融发展状况的三个指标有：（1）农村金融发展规模（$X1$）：考虑到信贷规模对欠发达地区经济发展的作用，设计了能够较好反映农村金融发展规模的存贷款总量指标。（2）农村金融发展效率（$X2$）：指农村储蓄转化为农村贷款支持农村经济发展的效率。（3）农村金融发展结构（$X3$）：乡镇企业在我国农村经济改革历史上有着举足轻重的地位，鉴于其在促进县域农村经济发展和提高农民收入水平方面的重要作用，选取乡镇企业贷款额占比作为衡量金融发展结构的指标。其中，$X1$ =（农村存款 + 农村贷款）占国内生产总值的比重，$X2$ = 农村存款与农村贷款的比例，$X3$ = 乡镇企业贷款余额占金融机构各项贷款余额的比重。农村存款余额为农户储蓄存款与农业存款之和，农村贷款余额为乡镇企业贷款余额与农业贷款余额之和。在指标设计上，通过物价指数平减或使用比例变量以消除物价因素影响①，并尽量避免变量之间出现多重共线性问题。本书所指的农村正规金融即具有独立法人，由国家金融监管机构进行管理的金融机构，具体是指农业银行、农业发展银行、农村信用社、邮政储蓄银行以及新三类（农村资金互助社、村镇银行和小额贷款公司）农村金融机构。

---

① 本节通过商品零售价格指数（1988 = 100）对农民人均纯收入进行物价指数平减；将农村存款与农村贷款之和除以国内生产总值；农村存款除以农村贷款的；乡镇企业贷款余额除以金融机构各项贷款余额，得 X1、X2、X3，这样不仅消除了物价因素，且使它们以 1988 年为基期可比，然后取自然对数以降低其样本值，得 LNY。可见，LNY、LnX1、LnX2 和 LnX3 既分别纵向可比又相互横向可比。

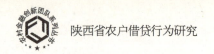

3.4.1.2　计量模型

假设农民收入与农村金融发展的生产函数为

$$Y = f(X) \tag{3.9}$$

其中，Y 代表农民人均纯收入，X 代表农村金融发展水平。

对上述生产函数取全微分得

$$dY = \frac{\partial f}{\partial X}dX \tag{3.10}$$

农村金融发展水平可表示为以下函数关系：

$$X = f(X1, X2, X3) \tag{3.11}$$

对式（3.11）取全微分，得

$$dX = \frac{\partial X}{\partial X1}dX1 + \frac{\partial X}{\partial X2}dX2 + \frac{\partial X}{\partial X3}dX3 \tag{3.12}$$

将式（3.6）代入式（3.4），得

$$dY = \frac{\partial f}{\partial X1}dX1 + \frac{\partial f}{\partial X2}dX2 + \frac{\partial f}{\partial X3}dX3 \tag{3.13}$$

将式（3.13）中的边际产出用 β_1、β_2 和 β_3 表示，考虑到数据的自然对数变换不改变原来的协整关系，并能使其趋势线性化、消除时间序列中存在的异方差现象，可以构建本节的基本计量模型：

$$InY = \beta_0 + \beta_1 InX1 + \beta_2 InX2 + \beta_3 InX3 + u \tag{3.14}$$

其中，β_0 代表常数项，u 为随机误差项。

3.4.1.3　数据来源

在本章中涉及的变量和数据资料主要包括农民纯收入和农村金融贷款两方面，所用数据均来自《陕西统计年鉴》，以下直接用到的数据均是由资料整理所得。在遵循计量经济学原则的基础上，考虑到数据的可获得性和数据的统一性，样本跨度定为 1988—2008 年，原始数据见表 3 - 6、表 3 - 7。

表 3 -6　　　　　　陕西省正规金融支农的程度　　　　单位：亿元，%

年份	农业贷款	乡镇企业贷款	农村贷款合计	金融机构各项贷款	农村贷款所占比例
1988	10.81	16.69	27.5	253.94	10.83
1989	11.88	18.3	30.18	304.94	9.9
1990	14.61	21.27	35.88	385.21	9.31
1991	17.3	24.52	41.82	463.4	9.03

年份	农业贷款	乡镇企业贷款	农村贷款合计	金融机构各项贷款	农村贷款所占比例
1992	20.81	31.27	52.08	552.18	9.43
1993	24.73	39.71	64.44	662.86	9.72
1994	34.99	56.63	91.62	930.08	9.85
1995	47.28	61.07	108.35	1 132.55	9.57
1996	56.92	97.54	154.46	1 347.06	11.47
1997	102.48	101.71	204.19	1 620.84	12.74
1998	132.94	98.9	231.84	1 859.54	12.47
1999	139.42	107.82	247.24	2 105.84	11.74
2000	147.78	114.83	262.61	2 193.12	11.97
2001	169.45	106.81	276.26	2 537.55	10.89
2002	201.14	115.11	316.25	2 950.84	10.72
2003	239.78	122.22	362	3 549.6	10.2
2004	303.88	119.95	423.83	3 829.57	11.07
2005	352.45	124.19	476.64	3 983.19	11.97
2006	342.89	94.7	437.59	4 463.21	9.8
2007	383	98.65	481.65	5 121.16	9.41
2008	428.66	112.05	540.71	6 056.82	8.93

资料来源：陕西省统计年鉴，1997—2009 年。

表 3-7　　　　　　　　陕西省金融机构农村信贷收支规模　　　　单位：亿元

年份	农民人均纯收入（元）	农业存款	农户储蓄	农村存款合计	农村贷款合计	农村存款－农村贷款
1988	404	14.69	30.5324	45.2224	27.5016	17.72
1989	434	15.2	38.888	54.088	30.1824	23.91
1990	530	17.7	50.1795	67.8795	35.8793	32.00
1991	534	20.63	61.6583	82.2883	41.824	40.46
1992	559	26.73	73.7984	100.5284	52.0788	48.45
1993	653	36.18	85.67	121.85	64.4407	57.41
1994	805	15.83	117.1038	132.9338	91.6166	41.32

续表

年份	农民人均纯收入（元）	农业存款	农户储蓄	农村存款合计	农村贷款合计	农村存款－农村贷款
1995	963	18.3	156.016	174.316	108.3508	65.97
1996	1 165	23.67	194.7976	218.4676	154.4635	64.00
1997	1 285	31.59	243.65	275.24	204.1949	71.05
1998	1 406	39.65	268.6	308.25	231.843	76.41
1999	1 456	45.75	274.8	320.55	247.2357	73.31
2000	1 470	55.64	294.47	350.11	262.6087	87.50
2001	1 520	65.94	331.97	397.91	286.3243	111.59
2002	1 596	75.03	370.18	445.21	316.25	128.96
2003	1 676	96.17	418.91	515.08	362	153.08
2004	1 867	112.59	489.17	601.76	423.83	177.93
2005	2 052	132.64	602.61	735.25	476.64	258.61
2006	2 260	172.3	720.45	892.75	437.59	455.16
2007	2 645	240.77	834.28	1 075.05	481.65	593.4
2008	3 136	313.47	1 121.01	1 434.48	540.71	893.77

注：各项指标均为现值。

所有实证分析都借助于 Eviews6.0 软件来完成。本章农村金融发展各变量的数据趋势如图 3-3 所示。

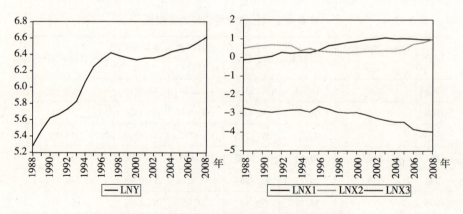

图 3-3 陕西省农村金融发展各变量趋势图

3.4.2　实证分析

经济分析中所用的三大类重要数据中，时间序列数据是其中最常见的也是最重要的一类数据。时间序列数据分析是实证经济变量间相互关系最为重要的方法，是通过建立以因果关系为基础的结构模型进行的。但无论是单方程模型还是联立方程，分析的背后均隐含一个基本假设，即时间序列数据是平稳的。否则，通常的 t 、F 等假设检验结果则是不可信的。在农村现实经济生活中，反映实际经济活动的时间序列数据大多数都有较大波动，具有不平稳性，对于这些非平稳的变量，不能采用传统的线性回归分析方法检验它们之间的相关性，而应采用协整分析方法。如果直接采用普通最小二乘法（OLS）对变量进行回归估计，可能会导致"伪回归"现象，即表面上似乎可以进行因果分析和检验，但实际上结果可能是虚假的，不会得到有意义的结果。根据协整检验理论，即使序列具有非平稳特征，若回归方程的残差序列是平稳序列，则表明方程的因变量和解释变量之间的某种线性组合可能是平稳的，即变量之间存在长期均衡关系。因此，首先使用 Eviews6.0 软件对 Y 、$X1$ 、$X2$ 和 $X3$ 每个变量的序列数据做 ADF 检验以检查其是否具有平稳性特征，然后采用 Johansen 协整检验方法对这些变量之间的关系进行分析，构建协整方程，同时对 Y 与 $X1$ 、$X2$ 和 $X3$ 变量之间的因果关系进行 Granger 因果关系检验。

3.4.2.1　ADF 单位根检验

因为大多数时间序列数据都是不平稳的，为了避免模型出现"伪回归"，本节采用 Dickey 和 Fuller（1981）提出的考虑残差项序列相关的 ADF（Augment Dickey – Fuller）单位根检验法对于每个变量的数据系列首先进行平稳性检验。ADF 检验模型有如下三种：

$$y_t = \rho y_{t-1} + \sum_{i=1}^{m} \lambda_i \Delta y_{t-1} + \varepsilon_t \qquad (3.15)$$

$$y_t = \alpha + \rho y_{t-1} + \sum_{i=1}^{m} \lambda_i \Delta y_{t-1} + \varepsilon_t \qquad (3.16)$$

$$y_t = \alpha + \beta t + \rho y_{t-1} + \sum_{i=1}^{m} \lambda_i \Delta y_{t-1} + \varepsilon_t \qquad (3.17)$$

为了选取适当的检验模型，给出农村人均纯收入（简称 LnY）、农村金融发展指标（$LnX1$ 和 $LnX2$、$LnX3$）的折线图，由图 3 – 3 知，LnY 有明显趋势，故应选择式（3.17）作为检验模型，$LnX1$ 和 $LnX2$、$LnX3$ 基本无明显趋势但有非零的均值，故应选择式（3.16）作为检验模型。

表 3-8   各变量的单位根检验

变量	检验形式 [C. T. L]	检验值	临界值（显著水平）	SC	结论
LnY	C，T，1	−1.964641	−3.673616（5%）	−2.754699	非平稳
LnX1	C，T，0	−0.117010	−3.658446（5%）	−2.106911	非平稳
LnX2	C，T，1	−0.639898	−3.673616（5%）	−1.315704	非平稳
LnX3	C，T，2	−0.049584	−3.690814（5%）	−0.887449	非平稳
ΔLnY	0，0，0	−1.93875*	−1.607051（10%）	−2.911188	平稳
ΔLnX1	C，0，0	−3.230713**	−3.029970（5%）	−2.062575	平稳
ΔLnX2	C，T，0	−4.190072**	−3.673616（5%）	−1.443743	平稳
ΔLnX3	C，T，2	−4.253089**	−3.710482（5%）	−1.112036	平稳

注：1.c、t、L 分别在 ADF 单位根检验形式中表示截距项、时间趋势项、滞后阶数。滞后阶数的确定依据是"拇指法则"（AID 和 SC"最小值"标准）。2. *、**、*** 分别表示在 10%、5% 和 1% 的显著性水平上拒绝"存在一个单位根"的假设。

本节利用 Eviews6.0 对模型中的各时间序列进行单位根检验，以确定其平稳性。检验结果如表 3-8 所示，可知上述变量 Y、$X1$、$X2$ 和 $X3$ 在 5% 的显著水平下均为非平稳的变量，但是它们的一阶差分序列 LnY、$LnX1$、$LnX2$ 和 $LnX3$ 在 5% 和 10% 的显著水平下均拒绝了有单位根的假设，表明差分变量都是平稳单整的，满足协整检验条件，可以进一步进行协整检验。

3.4.2.2 协整分析

协整理论是分析非平稳时间序列的一个重要方法。传统的 EG 协整检验法一般只适用于检验两变量间的协整关系。约翰森（Johansen，1988，1991）以及约翰森和尤塞柳斯（Johansen，1992）提出了一种基于向量自回归模型（VAR）的多重协整检验方法，简称 JJ 检验。这一方法对系统中所有独立的协整关系做总体分析。由于研究中构建了众多指标，需要考察多变量系统的长期均衡关系，因此采用基于 VAR 的 JJ 多重协整关系检验方法来检验变量之间的协整关系。JJ 方法的原理是在 VAR 系统下用极大似然估计来检验多变量之间协整关系。

表 3 – 9   农村金融发展和农民收入增长协整检验结果

(样本区间: 1988—2008 年)

零假设协整向量个数	特征值	trace 统计量值	临界值（5% 显著水平）
0	0.734486	52.18100	47.85613
至多 1 个	0.628788	25.65927	29.79707
至多 2 个	0.216948	5.839649	15.49471

表 3 – 9 协整检验中的迹统计量和最大特征根统计量的结果显示，全部拒绝协整量秩为零的假设，说明至少存在一个协整向量，这说明在 1988—2008 年样本区间无论如何组合 Y、X1、X2、X3 这四个变量之间都存在一个协整关系，即农民收入增长与农村金融发展规模（X1）、农村金融发展效率（X2）和农村金融发展结构（X3）之间在 1988—2008 年存在长期均衡关系。

均衡向量如下：

$$\beta' = (1.000000, -5.933029, -4.067473, -4.595582) \quad (3.18)$$

其表达式为

$$\mathrm{Ln}Y = 5.933029\mathrm{Ln}X1 + 4.067473\mathrm{Ln}X2 + 4.595582\mathrm{Ln}X3 \quad (3.19)$$

标准误差   (0.19331)   (0.18052)   (0.15310)

由上式协整方程，可定义其残差项为 RESI，即

$$\mathrm{RESI} = \mathrm{Ln}Y - 5.933029\mathrm{Ln}X1 - 4.067473\mathrm{Ln}X2 - 4.595582\mathrm{Ln}X3$$

$$(3.20)$$

上述协整检验的结果表明在 1988—2008 年农民收入增长与农村金融发展规模（X1）、农村金融发展效率（X2）和农村金融发展结构（X3）之间存在长期稳定的均衡关系，根据式（3.18）中协整向量符号可知，陕西省农村金融发展指标的农村金融发展规模、农村金融发展效率和农村金融发展结构与农民收入增长之间呈正相关关系。X1 每增加一个百分点，能促进农民增收 5.93 个百分点。X2 每增加一个百分点，能促进农民增收 4.07 个百分点。X3 每增加一个百分点，能促进农民增收 4.60 个百分点，说明陕西省农户收入增长与农村金融发展规模、农村金融发展效率和农村金融发展结构的依赖性较强，从总体上提高陕西省农村金融资产总额、农村储蓄总额和乡镇企业贷款总额是有利于农民收入增长的。

3.4.2.3　Granger 因果检验

协整检验结果证明陕西省农民收入增长（Y）与农村金融发展规模（X1）、农村金融发展效率（X2）和农村金融发展结构（X3）之间存在长期稳定的均衡关系，农村金融发展与农民收入之间这种均衡关系是否构成因果关系还需要进一步验证。Granger（1969）提出的因果关系检验可以解决此类问题，其基本原理是：在做 Y 对其他变量（包括自身的过去值）的回归时，如果把 X 的滞后值包括进来能显著地改进对 Y 的预测，就可以认为 X 是 Y 的 Granger 原因，类似定义 Y 是 X 的 Granger 原因。本节基于误差修正模型（ECM）对相关变量进行格兰杰因果检验，判断它们之间是否存在短期因果关系。由于格兰杰因果检验对于滞后期的选取比较敏感，且目前尚无选取滞后期的有效标准，为比较清晰地反映相关变量之间格兰杰因果关系状况，本节对变量 LnY 和 LnX1、LnX2、LnX3 分别进行滞后 1 期到 4 期的格兰杰因果检验，从中选取与本研究有密切关系的检验结果并予以分析（见表 3 - 10）。

表 3 - 10　　　　　　　　　格兰杰因果检验结果

原假设	滞后期	F 值	P 值	结论
LNX1 does not Granger Cause LNY		0.58563	0.45461	接受
LNX2 does not Granger Cause LNY	1	1.72065	0.20705	拒绝
LNX3 does not Granger Cause LNY		0.34743	0.56332	接受
LNX1 does not Granger Cause LNY		2.53561	0.11488	拒绝
LNX2 does not Granger Cause LNY	2	1.84294	0.19476	拒绝
LNX3 does not Granger Cause LNY		1.65425	0.22651	接受
LNX1 does not Granger Cause LNY		1.90934	0.18658	拒绝
LNX2 does not Granger Cause LNY	3	1.65297	0.23405	接受
LNX3 does not Granger Cause LNY		0.83896	0.50037	接受
LNX1 does not Granger Cause LNY		1.83508	0.21553	拒绝
LNX2 does not Granger Cause LNY	4	2.9091	0.09285	拒绝
LNX3 does not Granger Cause LNY		1.13758	0.40453	接受

从表 3 - 10 可以看出，（1）农村金融发展规模（X1）与农民收入之间的格兰杰因果关系状况。在滞后 1 期时，农村存贷款总量不是农民收入的

Granger 原因；而在滞后 2 期、3 期和 4 期时，农村存贷款总量是农民增收的 Granger 原因，说明农村存贷款资金总量在长期内对于农民增收具有明显促进作用，这种滞后期与农业生产和农业贷款的性质相关，因为农业贷款需要时间来发挥其对农民收入增长的影响。(2) 农村金融发展效率（$X2$）与农民收入之间的 Granger 关系状况。在滞后 1 期、2 期和 4 期时，$X2$ 是农民收入增长的 Granger 原因，说明农村金融发展效率短期内推动农村经济增长的贡献率优于长期。这是因为农村正规金融惜贷，正规金融机构为了获取较高的资本收益率，在农村地区实施严格的信贷条件，控制信贷规模和期限，信贷实施宽进严出的政策，致使农村资金大量转移到城市地区，导致农村经济发展过程中缺乏长期有效的信贷支持。同时，目前陕西省农村经济发展还处于较低水平，正规金融还能够推动经济增长，金融机构运作的低效率短期内适应经济发展水平，但当农村经济发展到较高水平时，如果没有及时形成与之相配套的高效率农村正规金融体系，低效运转金融体系反过来就会抑制农村经济发展。(3) 农村金融发展结构（$X3$）不是农户收入的 Granger 原因，这在一定程度上说明，目前乡镇企业贷款并没有起到为农民收入增长的作用，支持农民收入增长的效用尚未发挥出来，说明陕西省乡镇企业发展相比其获得的贷款规模发展不景气，带动农村地区经济增长能力和吸纳农村剩余劳动力就业能力不足。

据以上实证研究可得出以下基本结论：(1) 1988—2008 年陕西农村金融发展与农民收入增长之间存在一种长期的均衡关系，陕西农村金融发展水平对农民收入增长有显著的正面效应，表明了农村金融发展对农户收入的增长是有利的，同时暗含了在加快农村金融体制改革步伐的过程中，要进一步扩大农村金融发展的规模，这对整个农村经济的增长是极其重要的。(2) 从长期来看，陕西农村金融发展对农民收入所起的作用是正向的，但农村金融发展效率的正相关作用体现的是陕西农村金融发展滞后，因为农村金融机构更多地把农村金融资源流向城市和重工业产业中，而没有为农村经济的发展提供资源。从短期来看，农村金融发展规模和金融发展效率促进农民收入增长。(3) 金融机构对乡镇企业贷款的增加在长期内有利于农民收入水平的提高，在农村贷款中，乡镇企业获得的贷款越多，越有利于农民工资性收入的增长。

由以上分析可以确定表明陕西省金融发展规模和金融发展效率对提高

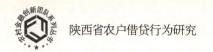

农户收入增长有积极影响，这说明扩大农村金融规模和金融效率的改进可以增加农户信贷量，提高农户收入水平。

3.5 小结

陕西省农业和农村经济获得了快速发展，城乡居民的收入水平有了大幅度的增长，金融的农业投入缩小了城乡收入差距，表明在陕西农村经济发展中农村金融占有更重要的地位，农村经济发展和农民收入增加的实现在更大程度上依赖于农村金融的发展。

对陕西省陕南、关中、陕北三大地区的农村金融深度和广度进行测算，发现陕西省农村金融覆盖面存在明显的地区差异性，应该针对不同区域增加农村金融服务机构网点数量，提高农村金融机构存贷款服务覆盖面的广度，同时，增加农户贷款额度，提高农村金融机构存贷款服务覆盖面的深度。

陕西省农村金融整体发展水平和农户收入增长之间存在着长期稳定的关系，且关联度紧密。短期内农村金融发展对农民增收作用起效慢，长期内农村金融的发展促进了农户收入增长。农村金融发展规模、农村金融发展效率和农村金融发展结构与农民收入增长之间呈正相关关系、表明无论当前还是今后，陕西省应为农户借贷，针对区域特点创造良好的宏观金融外部环境，加大对农民增收和农业发展的金融支持力度，促进农户借贷行为的发生，提高农民收入水平。

4 陕西省农户借贷行为基本特征分析

第3章从宏观角度分析了陕西省农户借贷的金融环境，得出陕西省农村金融与农户收入增长关系密切且具有正向促进作用。作为农村金融改革的中心和终极目标——农户，农村金融供给必须从其微观基础——农户借贷行为的愿望和需求出发，了解陕西农户借贷行为的基本状况，总结农户借贷行为的一般规律，提供适合农户借贷行为特征的产品和服务，提高农户收入水平。

农户借贷行为作为农户经济行为的重要组成部分，包括农户借入资金和借出资金两个方面。借入资金是指农户从正规金融机构和非正规金融机构或个人借入资金，包括农户从金融机构（银行和非银行，如商业银行、信用合作社、基金会等）或其他渠道（农村集体经济组织、乡村企业和个人）借入资金的行为。借出资金是指农户以获取收益或保证资金安全为目的的资金运用，包括农户将其获得的收入以储蓄形式存入银行和信用社等金融机构；或通过一定方式借给其他组织和个人使用，以及为获得收益或控制权为目的的投资（何广文，1999）。本章研究的农户借贷行为包括农户借入资金行为和借出资金行为两方面。一方面，农户从正规金融机构进行贷款以及他们彼此之间的互助性和盈利性借款行为，另一方面农户在正规金融机构存款或借给他人无偿或有偿使用。农户借贷行为特征表现形式包括借贷市场的水平和规模、获得资金渠道、借贷资金的用途以及贷款利率水平、抵押品要求、借贷期限等。各省份由于不同的资源禀赋、经济水平与风俗习惯，相应的农户借贷行为就具有不同的特征，目前陕西农户借贷行为呈现什么特征是本章研究的主要内容。

4.1 调查基本情况

本书的问卷调查采用的是入户调查方式。利用学生2009年寒暑假期间的社会实践活动，以陕西农户为对象，开展关于农户借贷情况的农村社会调查。第一次发放问卷400余份，实际收回365份，有效问卷344份；第二次发放问卷 200 余份，实际收回 174 份，有效问卷 154 份。调查涉及关中、陕北、陕南三个地区，其中，关中地区有武功县、周至县、千阳县、铜川市耀州区；陕北地区有高陵县、吴堡县、靖边县、绥德县；陕南地区有商南县和南郑县两地。每个县市选取 1~2 个行政村，对 11 个村的农户借贷采取问卷调查方式，就上述几个地区的农户在 2009 年发生的借贷行为进行研究（见表 4-1）。

表 4-1　　　　　　　2009 年抽样地区村庄分布情况

	武功县	周至县	千阳县	耀州区	高陵县	吴堡县	靖边县	绥德县	商南县	南郑县
该县总面积（平方公里）	398	2 974	996	1 617	294	418	5 088	1 853	2 307	2 849
农民人均纯收入（元）	2 950	3 537	4 036	3 578	4 708	2 706	4 850	2 341	2 408	3 360
地理特征	平原	平原	高原	山地丘陵	平原	高原	高原	高原	丘陵	山地丘陵
行政村总数（个）	262	376	98	219	88	221	214	661	166	495
年末村农户数（户）	82 721	167 300	26 707	58 494	52 559	16 500	60 684	72 502	63 400	136 369
乡村总人口（个）	328 800	596 000	109 470	232 700	205 500	67 582	258 649	300 000	217 384	470 616
取样村数（个）	1	1	2	1	1	1	1	1	1	1
有效调查问卷（份）	46	48	88	45	42	49	44	40	47	49

数据来源：调查数据整理。

4.1.1　调查问卷说明

4.1.1.1　样本农户的基本情况

此次问卷调查对象是农户而不是为农户提供信贷的金融机构，有效样本农户 498 户，样本农户具有较好的代表性：（1）样本农户户均常住人口 4.38 人，其中 16 岁以上劳动力 2.76 人；劳动力平均年龄 39.09 岁，户均总收入 26 130 元。（2）家庭劳动力中按文化水平分：未上学的占 0.41%，小学的占 3.47%，初中占 51.43%，高中占 28.98%，中专占 6.53%，大专及以上文化程度占 9.18%。（3）外出务工劳动力占 16 岁以上劳动力的比重为 42.85%。劳动力平均累计外出从业时间 8.22 个月，地点集中在乡外县内的占 31.46%；县外省内的占 41.55%；省外国内的占 26.76%，只有 1 户出国务工。（4）农户家庭总收入主要来自农业生产经营的占 45.81%，来自非农业生产经营的占 29.61%，来自工资性收入的占 19.37%，来自于其他途径的占 5.21%。（5）在从事农业生产的农户中，主要从事农作物种植业的占 80.48%；从事畜牧业的占 9.16%。在从事非农行业生产经营的农户中，主要从事建筑业的占 32.75%；主要从事工业、交通运输业、批发零售业和住宿餐饮业的分别占 8.94%、9.68%、6.7% 和 5.96%；从事居民服务及其他服务业的占 6.7%；从事其他领域的占 18.11%。

4.1.1.2　农户态度及理解力

一项社会调查的成功与否，关键在于调查者与被调查者对调查内容的了解和掌握，同时两者的配合也至关重要。从调查者自身感觉看，在本次调查中，持"积极合作"态度的被调查者占 53.23%，抱"合作"态度者占 35.12%，持"应付"态度者占 11.65%。在对问卷的理解上，"真正理解"者占 25.84%，"基本理解"者占 38.20%，"不太理解"者占 34.27%，"不理解"者占 1.69%。这一结果显示，尽管还存在一些问题，诸如有一定的"应付"和"不理解"比例存在，但总的就调查者对问卷回答的质量看，是比较成功的。

4.1.1.3　调查内容

问卷由两部分构成：样本农户的基本情况（包括家庭条件、经营活动、收支水平等）、样本农户的借贷情况。问卷调查的主要内容有：农户基本情况、农户储蓄情况、农户从正规金融机构借款情况及借款意愿、农户从民间借款情况、农户借入资金数量及借款条件、农户资金借出情况。其中有：（1）基本情况包括借款人性别、年龄、文化程度、家庭成员人数、劳动力人数，家庭经营情况包括总收入、纯收入、现金收入、第一产业收入、第二产业收入及第三产业收入。（2）农户融入情况包括农户融入资金的方式、金额、期限、利率及融入资金的用途；多少农户能在正规金融机构如信用社获得贷款？农户借贷活动有哪些突出特点？包括金额、期限、借款和还款的季节。（3）农户融出包括农户是否储蓄及储蓄额、农户是否私人借贷及借贷额。（4）农户借贷的成本多大？包括担保、利率、其他交易成本等。（5）农户借贷行为形成的主要原因是什么？民间借贷的影响、农户自身经济发展能力、所处农村的经济条件和自然、社会、人文环境。

4.1.1.4 调查方法

问卷调查分为预调查、入户调查和典型调查三部分。预调查即问卷设计和确定前的调查，有助于确定问卷调查的内容和方式。入户调查即在全省范围内进行抽样问卷调查，这是核心和主体部分。典型调查是在问卷调查过程中，选择部分地区和重要问题进行调查，以助于对抽样调查的结果进行纠正。作为主体的入户调查采用抽样调查方式，由调查员对抽中住户进行入户面谈调查，访问对象为住户家庭的户主，如果户主外出不在，访问家中 18 岁以上最熟悉家庭情况的成员。

4.1.2 调查农户总体情况分析

4.1.2.1 农户家庭主要劳动力接受过基础教育

农民素质的提高是脱贫致富的关键，是促进社会公平，推动农民全面发展、农村稳步发展、城乡协调发展的重要保障。农户中约有 49.80% 的农户家庭的主要劳动力受教育程度为初中文化程度，43.11% 的受教育程度在高中以上，受教育程度在小学以下的占比为 7.08%（见图 4－1），说明陕西省农村大部分主要劳动力普遍接受了初高中教育，受过较高的基础教育，具有从事农业基本技能的素质，接受技术培训、新产品和新事物的能力较强。

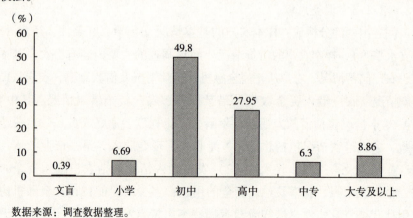

数据来源：调查数据整理。

图 4－1　样本农户受教育程度

4.1.2.2 农户外出务工现象较为普遍

农村外出务工是提高农民收入的重要途径。据人力资源和社会保障部统计，截至 2008 年末，全国农民工数量已超过 2 亿人，其中外出就业的农民工数量已超过 1.3 亿人。

被调查的 498 户农户中，户均常住人口为 4.38 人/户，男性人口占比为 51.86%，16 岁以上劳动力人数均为 2.76 人，平均年龄在 39.09 岁左右。样本农户中每个农户家庭约有 1.34 人外出务工，人均外出务工时间为 8.22 月/年，大多数在省内务工，这一比重达 73.01%；在省外国内务工的比重为 26.76%（见表 4 - 2）。调查发现，随着农业产业化发展和农村剩余劳动力的转移，从事农业生产已不再是农户的主要收入来源，由于户均耕地面积小，农业种植业收益低，单靠农业是很难实现收入快速增长的，促使农户寻找农业生产之外的挣钱途径，一边务农一边务工，两不耽误，大部分农户常年在外打工，从事第二或者第三产业，工资性收入在农户收入比重中呈现逐渐增加的趋势。所以，对农户外出务工的金融支持与服务也应纳入农村金融机构重点支持的对象，引导农村剩余劳动力转移到第三产业，有效提高农户收入水平。

表 4 - 2　　　　　　　　　　样本农户家庭概况

指标	单位	数值
常住人口	人/户	4.38
其中：男性人数	人/户	2.21
在校学生人数	人/户	1.18
16 岁以上劳动力人数	人/户	2.76
劳动力平均年龄	岁	39.09
外出务工劳动力人数	人/户	1.34
外出劳动力累计平均外出从业时间	月/人	8.22
家庭主要劳动力主要从业地点		
乡外县内	%	31.46
县外省内	%	41.55
省外国内	%	26.76
国外	%	0.23

数据来源：调查数据整理。

4.1.2.3　农户以传统种植业生产为主

被调查的 498 户农户中，户均经营耕地面积 4.62 亩，户均经营园地、林地、牧草地、渔业养殖面积为 3.67 亩，出售农产品的现金收入在农户家庭总收入中所占比重为 32.6%，其中出售种植业产品的收入占农产品现金收入的 78% 左右（见表 4 - 3）。

表 4 - 3　　　　　　　　　农户家庭基本经济发展状况

指标	单位	数值
耕地面积	亩/户	4.62
园地、林地、牧草地、渔业养殖面积	亩/户	3.67
家庭总收入	元/户	26 130.02
出售农产品的现金收入	元/户	8 517.48
其中：出售种植业产品现金收入	元/户	6 643.53
主要收入来源（占比）		
农业生产经营收入	%	45.81
非农业生产经营收入	%	29.61
工资性收入	%	19.37
其他收入	%	5.21
主要从事农业生产经营活动		
农作物种植业	%	80.48
林业	%	0.8
畜牧业	%	9.16
渔业	%	0.8
不从事农业生产经营活动	%	8.77
主要从事非农业生产经营活动		
工业	%	8.94
建筑业	%	32.75
交通运输、仓储及邮政业	%	9.68
批发零售、餐饮业	%	6.7
居民服务	%	5.96
其他行业	%	18.11
家庭未从事非农生产经营活动	%	17.68

数据来源：调查数据整理。

被调查的农户家庭仍以从事传统的种植业生产为主，这一比重高达80.48%；其次是畜牧业，占比为9.16%；有8.77%的农户家庭不从事农业生产经营活动，有17.68%的农户家庭未从事非农产业生产活动，从事非农产业农户中有占32.75%的农户集中在建筑行业，具有明显的产业倾向性，与处于末位的居民服务业比重为5.96%，两者相差26.79个百分点，这是因为建筑业从业人员准入门槛相对较低，就业容量大，缺乏非农工作技能的农民相对容易找到工作。与此相对应，来自农业的生产经营性收入构成了农户收入的主体，其次是非农产业收入，占比为29.61%，工资性收入在农户收入中也占相当大的比重，占比为19.37%（见表4-3）。

4.2 农户借入资金行为特征

农户借贷渠道有多种途径，一般为正规金融机构借贷，包括国有商业银行、农村信用社、邮政储蓄、村镇银行等；非正规金融机构借贷包括民间借贷、私人钱庄、民间集资、亲戚朋友间的私人借贷等，在调查中，农户接触最多的正规金融机构是农村信用社，在商业银行和邮政储蓄等正规金融部门的借贷相对较少；农户的非正规借贷渠道主要是通过亲戚朋友取得贷款，农户借贷中来自其他非正规金融机构的借贷则很少。

4.2.1 农户借贷需求和借贷来源的选择意愿

4.2.1.1 农户借贷需求较为普遍

农户资金来源包括自有资金和借入资金两部分。自有资金包括农户家庭经营收入和工资性收入；借入资金指农户向其之外的其他经济主体（正规金融机构、非正规金融机构、个人）借入的资金，对应两种资金来源，农户的融资方式分为内源融资和外源融资。

农户借贷需求较为普遍。42.58%的总样本农户在生产生活及其他活动过程中需要从银行、信用社或其他私人渠道借款，57.42%的农户不需要借款，有借贷需求的农户占比接近1/2，说明有近一半样本农户在生产生活中有借款需求，农户的贷款需求是普遍存在的。中国人民银行2007年对全国10个省区的2万家农户调研表明有借款需求的农户占46.1%，陕西省有借款需求的农户比例基本与全国一致。

在全部不需要借贷的样本农户中，有47.5%的农户回答自有资金已能满足现在的生产生活需要，"没有借钱习惯"的农户占20%，"打工有钱而不需要借的"占16.67%，三者所占比重之和达84.17%。这说明陕西省农户的借款需求与其生产规模大小之间有直接关系，虽然当前陕西省农村经济发展取得一定成效，农户生活水平相应提高，有能力支付农业生产的基本支出，但因农户家庭生产规模小，且外出打工者较多，农户需要外源融资的愿望并不强烈，农户更倾向于依靠自身积累来满足生产生活中的资金需求，只有在自身积累无法解决问题时才会选择从外部借款。也就是说，当农业收入不足的时候，农户家庭更愿意谋求非农收入，非农收入对农业生产的资金提供了补充，如果非农收入恰好可以弥补农业生产资金的不足，那么农户的生产性资金借贷就不会发生。同时，选择"没有好的发展项目"的农户占比14.17%，而这部分农户表示之所以不需要借款，主要是没有好的发展项目，一旦有看好的项目，这种潜在资金需求会转变为现实的信贷需求。

4.2.1.2 农户借贷来源首选农村信用社且贷款申请成功率较高

农户借贷来源在一定程度上反映了当前陕西省农村金融服务水平。陕西省农村地区，并存着农户向正规金融机构和非正规金融机构（民间借贷）借贷两种现象。在正规金融方面，国有商业银行的贷款对象都是相对富裕的优质客户和大客户群体，在贷款市场只占有非常少的份额，农村信用社是农户借款的首选渠道，是绝大多数农户最主要的融资渠道。当农户扩大种植养殖业规模需要借贷资金时，在选择借贷来源方面，有26.49%的农户首选农村信用社，23.27%的总样本农户选择依靠亲戚朋友，22.08%的农户则选择依靠自我积累，有15.27%的样本农户愿意选择从其他正规金融机构包括国有商业银行、邮政储蓄银行等获得信贷资金。这表明农村信用社承担着满足农户贷款需求的主要任务，农户倾向于从信用社等正规金融机构获得贷款满足，尤其偏好政策性扶贫贷款和小额信用贷款。对于农户的融资顺序或融资偏好，在很多研究中都有论述。调查发现农户在申请国家农业贷款没获批，或贷款额无法满足的情况下才会选择熟人借贷，即农户偏好于从农村信用社融资，张杰将其归结于"面子成本"原因，认为农户向熟人借钱虽然低息甚至可以不支付利息，但却要以付出面子和人情为代价。农户作为经济人，在主观感觉"面子成本"高于向正规金融借贷所支付的利息后，会放弃低息或无息所带来的好处而选择支付较高利息给正规金融，借款改善生活和维持生产。另外，随着农村金融市场的开放，新型金融机构数量的增加，尤其是小额贷款公司、村镇银行、农村资金互助社等一批新型农村金融的成立，也使农户可选择的借贷渠道增加了，尽管新型金融机构在我国刚刚起步，但其成效已初步显现，目前选择新型金融机构的农户比例并不高，但随着其继续发展和农户认识的深入，新型金融机构将在满足农户信贷需求方面发挥越来越大的作用（见图4－2）。

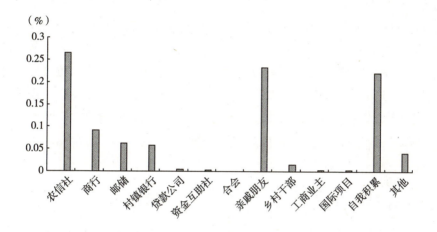

数据来源：调查数据整理。

图4－2　农户贷款来源分布

农户借贷意愿不强的原因归结为两点：（1）农户没有好的投资项目。农户投资从收益最大化的原则出发，也要考虑获得较高的经济收益，由于农业生产长期处于弱质微利的状态，难以激发农户投资农业生产的积极性，随着市场经济的发展，农户面临更多的选择，农户外出务工比例高，大多数农户家庭成员都在本地或外地打工，主要从事建筑和服务业，非农收入增加，通过打工家庭有积蓄，无须借贷。（2）农户思想意识保守，传统观念约束较强。以种养业生产为主的农户多数坚持"有多少钱办多大事"、"借钱不光彩"的传统观念，很少与正规金融机构打交道，无论扩大生产还是改善生活都不愿意从金融机构借款，普遍认为应该依靠自己的原始积累慢慢改善生活。

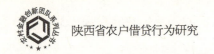

4.2.2 农户贷款覆盖率和借贷申请成功率

4.2.2.1 农村正规金融机构对农户贷款覆盖率

贷款覆盖率是指在过去两年（或三年）内得到正规金融机构贷款的农户、企业数，分别与农户、企业数总数之比。2009 年在被调查需要借款的农户中，从信用社、邮政储蓄银行或其他银行得到过贷款的农户占比为 15.14%，即农户贷款覆盖率为 15.14%；而在有借贷意愿但没有得到贷款的农户中，有 80.69% 的农户没有提出申请，只有 19.31% 的农户提出申请但没有获得贷款，得到贷款的农户占有借贷需求意愿并提交申请的农户比重为 49.62%（贷款申请成功率），反映出农村正规金融机构对农户贷款覆盖率较低但贷款申请批准率相对较高，为什么会出现农户贷款覆盖面不高而借贷申请成功率较高的现象呢？因为有超过半数的农户没有借贷需求意愿，而有借贷需求意愿的农户有近八成的农户没有申请过贷款；只要农户有意愿并提出申请，农村正规金融机构特别是农村信用社批准贷款的比率较高。

4.2.2.2 农户没有提出借贷申请的原因

大量农户对获得正规贷款不抱乐观预期，因而没有尝试过申请贷款。在有借贷意愿的农户中，有 80.69% 的农户没有提出申请，其中 37.99% 的农户认为利息等成本太高、21.58% 的农户担心即使申请也贷不到、只有 7.29% 的农户担心还不起、还有 33.13% 的农户有其他原因。从调查来看，影响农户提出贷款申请的主要因素是成本问题，这里借贷成本包括利息成本和非利息成本，影响农户提出借贷申请的其他原因包括不了解目前农户小额信用贷款和联保贷款政策的相关规定、生产规模小、各家农户都有些储蓄、民间互助式借贷较多、无须向农信社借款、农信社借款额度太小等。对于农户而言，从正规金融机构借款的交易成本过高、交易规则约束太强减弱了农户向其借贷的意愿，而各种民间借贷具有灵活方便的特点，很容易被农户接受。

4.2.2.3 农户获得贷款的主要决定因素

在对获得贷款的决定性因素的判断中，有 47.39% 的农户认为家庭还款能力是最重要的因素；其次是在信用社有可靠关系（有 12.65% 的农户认同）和个人信用（有 4.62% 的农户认同），有抵押担保仅有 3.82% 的农户认同。可见，农户认为家庭的还款能力是获得贷款的决定性因素，收入越高的家庭获得贷款的可能性越大，我国农村金融供给总体不足，而农户借款又具有规模小、风险高、缺乏有效抵押品等特点，借款的这种财富能力偏好很可能是金融机构规避风险的有效理性选择（朱喜，2006）。同时人际关系因素也是不可排除的一项重要因素，也侧面反映农户缺乏有效的抵押担保物。总体而言，随着陕西省农村金融市场的不断发展和农信社市场主体地位的逐步树立，非市场因素在贷款中的决定性作用会越来越小，贷款的获得更多地受到风险收益的约束。

4.2.2.4　农户对小额信用贷款政策的认知和参与意愿

农户小额信用贷款，指的是农村信用社基于农户的信誉，在核定的额度和期限内向农户发放的不需抵押、担保的贷款。自2002年农村信用社农户小额信用贷款业务在全国范围内开展以来，较好地解决了农民贷款难的问题，有效激活了农业投入机制，是农村金融领域内重大的业务创新。农村信用社利用这种微观层面的创新，以较小的成本促进了农村金融供需矛盾状况的极大改善。同时，农户小额信用贷款的开展是农村信用社着眼于从自身金融供给方式上加以改变，以适应农户金融需求，对于农村金融特别是农村信用社的发展意义重大。贷款安排具有两方面的明显优势：（1）无须抵押担保、程序简单、手续简便，解决了农户无抵押贷款难的问题。（2）贷款期限较长，符合农产品种养周期规律。同时也存在两方面劣势：（1）贷款潜在风险大，缺少偿还保障机制。小额信贷依靠的是信用担保，有可能发生农户逃废债务、骗取贷款等恶意行为。（2）运作成本过高，缺少诚信体系会给贷款执行带来困难，而建立和完善农户信用评级体系需要的人力、物力成本过高。陕西省小额信用贷款运行情况可以从农户对小额信用贷款政策的认知情况得到验证。

1. 小额信用贷款业务只被不到一半的农户所了解。农村信用社的信贷政策包括贷款类型、贷款对象、贷款程序等，同时也包括了贷款的一些潜规则。农户不需要借款时，一般不会去了解银行的借贷政策，农户对这方面了解得越多，说明越有借款的需要，也越有利于其获得正规借款。在总样本中，47.02%的农户知道当地农村信用社开展了农户小额信贷业务，而超过一半的农户不知道有这项业务，有31.39%的样本农户得到信用评级，说明尽管近年来陕西农村信用社在积极开展小额农业贷款业务，但是大多数农户对信用社开展的小额信用贷款不了解，原因可能有：一是部分信用社对小额信贷的宣传力度不够。由于小额信贷不需要抵押和担保，完全凭农户信誉放款，与中国人民银行颁发的《贷款通则》关于贷款风险控制的要求不一致，而上级联社本着"谁审批，谁发放，谁收回"的原则，在业务中把小额信贷资金与常规信贷资金同等考核对待，致使基层信用社过于注重小额信贷资金的安全性，加之小额信贷户数多，范围广，业务支出成本高，影响部分信用社推广小额信贷的积极性；二是农户没有了解的主观意愿，缺乏金融意识，不太清楚自己可以得到什么金融服务，认为了解与否对他没有任何帮助；三可能是因为农户没有了解渠道或渠道狭窄造成的，农户对小额信贷的了解基本上是通过亲友私下交流得知的，很少通过信用社渠道得知。

从总体上看，农户对农村信用社小额信用贷款业务的认知程度与获得信用评级之间有较强关联性，如果农村信用社宣传到位，农户真正了解农户小额信用贷款的含义和好处的话，评级过程中农户参与小额信用贷款的积极性就高，反之则低。同时，信用社与农户之间联系越密切，信用社对农户小额信用贷款的宣传越积极，农户对该业务操作越熟悉，相应的业务发展就越好。

2. 信用证借出率很低。农户小额贷款的信用管理比较复杂，如果农村金融机构对数量众多农户额度较小的贷款申请都进行调查，则交易成本过高。因此，农村金融机构信用风险管理的主要内容就是采取措施降低调查成本，如果建立比较完善的农户信用评级制度，就能够在一定程度上降低农户贷款发放伴随的信用评估成本。陕西省农村信用社农户信用证的发放程序是根据农户信用观念和信用记录评定信用户，经信用社农户小额信用贷款审批小组审批确认，把信用户划分为优秀户、良好户、一般户三个等级，根据信用等级给予不同的贷款限额，将信用等级和贷款限额在信用证中填明后发给信用户。虽然，在农户生产生活的资金来源和融资渠道中，农户亲戚朋友之间的借贷一直都占重要内容，但在回答"您家是否将信用证借给他人使用过"，样本中有高达90.53%的农户表示未将信用证借给他人，没有出现通过借用信用证达到"垒大户"现象。其中一个可能的原因是与现有授信额度相比，很多农户自身还存在大量未被满足的贷款需求，农户的贷款需求满足率低，在自身尚未被满足的情况下，信用证出借的可能性很小；另一个可能的原因是随着农户自身风险意识的提高，农户也认识到借出信用证本身就是一个重要的信贷活动，借出信用证相当于为借入者提供贷款担保，需要承担一定的风险，所以轻易不会借出的。

3. 农户期望贷款额度大于农信社实际授信额度。信贷配给是信贷实际获取数额不能满足农户所需要贷款的一种约束，对信贷配给的衡量必须考虑农户的信贷需求额度与实际获取的信贷额度之间的差额，当农户实际获得贷款额度小于期望额度，就意味着遭遇了数量配给。农户贷款以小额为主，最多也就几万元钱，数目虽小，但对他们而言，作用却非常大。虽然在小额信贷和联保贷款的作用下，农户获得贷款相对容易一些，但贷款满足程度不高，农户被授信的额度普遍偏低。调查中52.04%的农户在信用社的授信额度在1万元以下，37.76%的农户授信额度在1万~2万元，仅有10.2%的农户获得了高于2万元的授信额度，而农户实际期望的额度远远超过农村信用社的授信额度，部分从事小生意的农户、养殖户和运输户的资金需求已达几十万元之多，考虑到自身还款能力及担保抵押条件，48.59%的农户期望获得2万元以上的贷款额度。这表明农村信用社设定的授信额度与农户实际贷款需求之间存在较大差距，农户被授信的额度相对农户实际的贷款需求明显偏低，大多数农户的授信额度分布于"小额"区域，没有充分满足农户贷款需求，尤其是当农户的大量资金需求比较急迫时，一方面小额信贷提供的贷款数额严重不足；另一方面小额信贷需要比较烦琐的手续，农户只能放弃农信社的小额信贷。同时在5 000元以下，农户被授信额度占比小于期望信用额度（见表4-4），这说明少数贷款需求低的农户实际被授予的信用额度更低，农户的生产规模制约了农户的贷款额度，部分基层农信社在小额信贷运行过程中存在逐利倾向，降低弱势农户的信用等级和授信额度，抑制了农户贷款有效需求。

表4-4　　　　　　　农户期望信用额度与实际额度比较　　　　　　单位:%

	5 000元以下	5 000~1万元	1万~2万元	2万~5万元	5万元以上
期望信用额度占比	3.74	9.35	38.22	37.38	11.21
实际信用额度占比	1.02	51.02	37.76	9.18	1.02
期望—实际	2.72	-41.67	0.46	28.2	10.19

数据来源：调查数据整理。

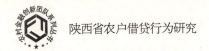

4.2.3 农户借贷的用途、季节性、期限

4.2.3.1 借款用于日常生活的笔数比例最大

一般而言，农户的经济生活主要包括两个方面：一是生产性生活，二是消费性生活，两者密不可分。许多调查研究的结果都表明消费性活动是影响农户借贷非常重要的因素，消费性用途的借款比重明显高于生产性用途的借款。因此，农户借贷资金的用途可以划分为生产性借贷和生活性借贷两大类型，其中生产性借贷又可以进一步分为农业生产性借贷和非农业生产性借贷（见图4-3）。农户的借款用途在生活、生产方面很难根本区分开来，例如子女教育，既可以看作是生活支出，也可以是一种人力资本投资。在现有研究中，教育、卫生等人力资本投资是被当作"生活性消费的一种"来看待的，子女教育支出、看病的费用、参加培训的钱都带有消费特征，然而，这种消费又具有特殊性——是带有投资性的消费。人力资本支出在短期来看是消费，在长期却是投资，通过接受教育获得更多的知识和能力，通过医疗卫生服务提升个人健康水平，农户是在为自己及子女积累人力资本，这种人力资本具有转化为生产率和收入的潜在价值。如果将农户的借款需求结构划分为生产性用途和非生产性用途，把人力资本投资的资金需求归入生产性资金需求可能更加贴切，或者称作"投资型用途"，从而与"消费型用途"对应。舒尔茨（1960）认为直接用于教育、保健以及为了取得良好的就业机会而用于国内移民的费用都属于对人力资本的投资，这些投资包括教育投资、健康投资和迁移投资。这些投资对于我国农

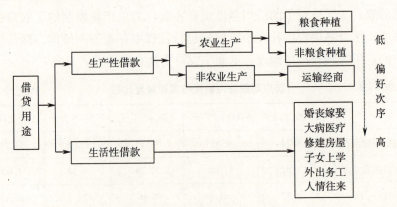

图4-3 农户借贷用途示意图

户发展来说都非常重要，将其归入投资型借贷有助于突出其重要地位，让研究者和政府决策部门更多关注农户的人力资本投资及其资金需求，进而更好地发展农村金融，满足农户多层次和有重点的资金借贷需求。

表4-5显示农户借款用途较为分散，用途呈现多样化特征，但生活性借款占比最大，占借款的72.95%，农户借款的非生产化倾向非常明显，其中子女上学占32.19%，成为生活性借款的第一大原因，这与人力资本较高的回报率、社会对教育的重视程度密切相关。建房和看病分别占17.47%和12.33%，这是由于农户的大部分金融需求来源于生活需要和突发性需要，为了应付婚丧嫁娶、建造房屋、孩子上学和生病等这些必需或其他一些突发事件才借款的，说明随着陕西省农民收入增加后，农户越来越不会因为生活所迫借款，借款很少用于解决家庭日常生活困难，但如看病、建房、子女上学等消费项目属于一次性大额现金支出，在农户家庭生活中投入量占较大比重，往往超过农户的支付能力，农户由于受绝对收入水平限制，资金积累能力较弱，当家庭收入和自我积累不足以支付这笔资金时，农户必然产生对外借贷需求。这从侧面反映了陕西省农村社会保障体系并不健全，在城乡二元经济结构中，社会保障体制并未有效地由城市延伸至农村，农户的医疗、就业、教育、养老、住房等开支基本上是自行解决，其直接后果就是农户将借款的一部分用来自我保障，同时也反映了随着农民素质和对教育认识水平的提高，加大了对子女教育的投入，体现了陕西省农户对人力资本投资的认识已经达到了一定的高度。因此，政府应该加大财政投资来完善农村社会保障体系，加大医疗、教育等公共事业投资，减少正规信贷资金被大量挪用于农户看病和子女上学等非生产性支出，保障农村金融机构的市场化运营和可持续发展，提高贷款质量。

农户生产性借贷所占比重相对较小，在农户生产性借贷中，用于购买农资的借款占总借款的12.27%。调研发现，随着农业产业化发展，农户从事附加值较高的种植养殖业、工商经营等方面的借贷比例开始上升，绝大部分借款用于发展现代高效农业，只有小部分用于购买传统种植业需要的种子、农药和化肥，用于发展高效农业生产的借贷资金中，90%的资金用于发展大棚蔬菜和养殖业。为了节省人力和时间，减少投入农业的人力成本，农户加大了对现代农机器械的购买。尽管陕西省农村经济发展类型还是以传统农业生产为主，但农户的生产经营方式不再是传统的生产方式，正在逐步转向高产、高效的农业生产，农户愿意把农业生产性借贷资金投向既适合本地农业生产特点又能增加效益的农业生产领域。但是，现代农业所需基础投资较大，起步资本远远超过传统农业，门槛较高，把大量中低收入农户屏蔽在外，使之不能参与现代农业，也就制约了农户收入的提高（王曙光，2012）。农户借贷用途的变化反映出农村产业转型方面的一些必然趋势，农村金融机构的信贷供给应该顺应这种趋势。

表 4 - 5　　　　　　　　　　　　　农户借贷用途

	借款用途	笔数	比例	合计
农业生产	购买农资	37	0.126712	0.219178
	购买禽畜	12	0.041096	
	购买农机	15	0.05137	
非农业生产	发展工商业	9	0.030822	0.05137
	打工	4	0.013699	
	归还其他借款	2	0.006849	
日常生活	看病	36	0.123288	0.729453
	孩子学杂费	94	0.321918	
	红白喜事	29	0.099315	
	建房	51	0.174658	
	其他	3	0.010274	
合计		292	1	1

数据来源：调查数据整理。

根据《农村信用合作社农户小额信用贷款管理指导意见》（2002），小额信贷的用途包括：（1）种植业、养殖业方面的农业生产费用贷款；（2）小型农机具贷款；（3）围绕农业产前、产中、产后服务的贷款；（4）购置生活用品、建房、治病和子女上学等消费类贷款。由此可以看出农村信用社偏重于发放生产贷款，信贷资金主要集中于生产经营活动，基本上不考虑生活性借贷。虽然农村信用社也发放用于购买生活用品、建房、治病和子女上学用途的消费贷款，但此类贷款一般利率较高且要求抵押。因此，农户为了获得较低利息的正规贷款，往往都会以农业生产的名义申请贷款，实际上却将贷款用于消费用途。当农户将农业生产贷款用于消费，政府就达不到试图通过增加农业贷款促进农业经济增长和农民收入增加的目的了。

那么，农户将更多的借款投向非生产性活动是否是理性的行为呢？答案是肯定的。农户是市场经济中的理性主体，其投资行为取决于投资项目收益与成本的大小。对农户来说，把借来的钱用于什么用途完全由他自己决定，他有权利把其用于非生产性的用途，在不同用途之间使用没有任何区别。

1. 农户不将借款集中用于生产性投资，主要是因为农业生产的"利润率"相对来说比较低，而投资非农生产的机会相对较少、风险相对较大。我国农业生产效率一直比较低，随着农业科技的推广和普及，农业生产率虽有了较大进步，但所产生的结果也只是产生了大量的剩余劳动力，进一步表明农业生产追加投资的必要性下降。同时，两千多年传统的小规模经营方式仍旧在大部分农村继续。在这种情况下，除了必要的农用生产资料，农民没有动机投资于农业生产。较低的生产效率以外，土地制度也是造成农民缺乏对土地投资热情的重要因素。另外，由于信息闭塞和教育水平差异，很多农民对市场和机会的把握能力相对较弱，所了解的其他生产性投资渠道也较为有限，办好乡镇企业所需要的胆识和风险承担能力往往是一般的谨慎农户很难具备的。

2. 借款的生产性用途中教育和卫生支出所占的比重较大。随着社会竞争压力的加大和农村儿童出生率的降低，农户认识到教育投资对于家庭的重要性，更加注重对下一代进行人力资本投资，会想方设法从家庭支出中拿出一部分用于子女上学，也会选择贷款上学，教育投入是一种具有预期收益的投资，这是农户比较眼前利益和长远收益后所作出的理性选择。农户是追求效用最大化的微观经济主体，作为理性的决策主体，其人力资本的投资意识是比较强烈的，这种投资不仅包括对子女的教育、医疗保健，也包括对自己培训、健康等方面的支出。农户偏好于将借款投入到生活性用途这一看似非理性的行为，实际上是其在现有约束条件下作出的理性选择。

3. 这种理性还体现在：生活性消费是必需的，应当优先满足。婚丧嫁娶、建房支出也并非不必要，一套房产带给农户的不仅仅是家庭延续之所的存续，更是自己能力的证明，这些带点炫耀性的消费有利于农户在本乡或农户所生活的社区的声誉最大化，这种声誉会帮助农户在所生活的社区中获得更大的信任，从而扩大交易的半径，减少交易成本，获得最大的经济效益和社会效益。

4.2.3.2 农户借款具有一定的时效性

农业生产受农作物生长自然因素影响，具有较强的季节性和周期性，而农户借款需求主要用于农业生产，从而使农户资金需求也表现出随季节变化波动的特点。2009 年，样本农户共发生的 292 笔借款中，发生笔数相对集中的月份是 2 月、3 月、4 月和 7 月、8 月、9 月，占比分别为 9.09%、14.69%、7.79% 和 14.69%、20.28%、7.69%。发生笔数相对较低是 11 月和 12 月，占比分别为 0.7% 和 2.1%，说明农户贷款期限同农业生产周期相一致，集中在春耕和夏收秋种季节，农户需要对传统作物如小麦、玉米等播种和收获，往往缺乏流动资金，这时候也正好是学生开学之际，与表 4 - 5 借款用途统计相符，农户在这段时间借款是为了满足生活和生产之需。

4.2.3.3 借款期限普遍较短

农村信用社借款有比较严格的期限规定，小额信用贷款期限通常不超过一年。85% 的农户借款期限在一年及一年期以内，这种借款期限的短期化不利于帮助农户形成长期生产力，因为较短期限的借款使得农户无法将获得的资金用于长期的扩大再生产中，而只能解决短期的、季节性的和临时性的资金需要，比如农户从事养殖业的生产周期一般需要 1~3 年，农产品加工和储运业一般需要 1~4 年，农信社的贷款期限与农户贷款需求存在明显的脱节。农村信用社的借款规律与其制度安排有关，信用社为了控制风险，不断缩短贷款期限。在调查中了解到，从农村信用社借款必须先还清以前的贷款后才能再借，一般贷款期限为一年，且一年只能借一次，但从亲朋好友或民间有息借款中可以获得更灵活期限的借贷。

4.2.3.4 农户借贷的利率敏感程度

贷款利率是反映农户融资成本最重要的指标，借贷发生的平均利率为 8.15%，略高于 2007 年人民银行规定的贷款基准利率。以一年期贷款基准利率 7.29% 为例，规定农村信用社贷款利率可以在基准利率的基础上浮动 [0.9 2.3] 倍，农村信用社可以自主确定贷款利率位于 6.56%~16.77%。调查中农村信用社最高年利率为 12%，最低年利率为 7%，平均年利率水平为 8.12%。因为农户居住分散、收入不稳定，农村信用社在甄别审查单位农户贷款资格时交易成本过高，为了使贷款收益大于贷款成本，只有提高贷款利率。

农户在不同情况下的利率接受程度不同，关于"在现有生产经营条件约束下，如果需要多付利息才能获得贷款机会，你会如何选择"，调查表明，7.23% 的农户选择只要能够获得贷款机会，愿意多付利息；在急用情况下，57.8% 农户表示愿意多付利息；约有 34.94% 的农户不愿意为获得贷款机会而多付利息，这些农户往往没有强烈的贷款需求。对于借款利率，大多数农户有一定的承受能力，农户能接受的最高月利率不同，农户根据不同用途选择接受不同利率水平。根据不同用途，农户可接受的平均利息水平分别是：看病急需借款时，月利率 10.24‰；孩子上学需要借款时，月利率 8.34‰；建房需要借款时，月利率 5.8‰；发展农业生产需要借款时，月利率 5.35‰；发展工商业需要借款时，月利率 5.65‰；归还其他借款需借款时，月利率 5.81‰。由此可以看出，在农户急需资金时他们愿意承受较高的利率水平，用于日常生活所需；不是急需资金时，相应愿意支付的利息也相对较低。不同的需要农户选择接受不同的利率水平，说明农户在选择借款时是较为理性的，对高水平的月利率具有一定的心理承受能力，在得不到月利率低的贷款的情况下，他们也会退而求其次。

调查发现，陕西省农村正规金融市场中的农户借贷行为存在两个恶性循环。第一个恶性循环是通常高收入农户往往能够获得较高数额贷款，低收入农户长期以来被排斥在正规金融市场以外，基本不可能获得较大数额的贷款，甚至根本得不到任何贷款。高收入农户替代了低收入农户的金融需求，违背了小额信贷为广大农户提供平等的信贷机会、帮助低收入农户脱贫致富的本意，使农户对正规金融机构产生负面认同感，这种不认同又反过来影响农户的借贷行为，形成了第一个恶性循环。第二个恶性循环是在农户需要迫切改善生活水平和公共产品价格居高不下的条件下，农户取得有限资金支持后通常选择优先维持基本生产及满足生活的需要，没有进行生产投资，造成这种贷款缺乏潜在的持续回报率，导致其缺失偿还能力，增加了农户的还款压力，农户缺乏偿还能力大大降低其再次获得农信社贷款用于维持生活或发展生产的可能性，也增加了农信社的不良资产（仵洁、陈希敏，2010）。

4.2.4 农户民间借贷的广泛性

农村原本就是正规金融资源相对匮乏的地区。随着四大银行的商业化改革，许多在农村地区经营的网点被撤，正规金融资源更加稀少，金融资源供给明显不足；而农业、农村和农民，因所处的弱势地位，往往更需要金融支持，为民间借贷提供了极大的发展空间。从信息经济学的角度看，信息不对称造成事先的逆向选择和事后的道德风险可能是非正规金融广泛存在的一个更为根本的原因（林毅夫，2003）。民间借贷大多建立在血缘、地缘和情缘关系的基础之上，双方信息对称，并且绝大多数人并不把资金借贷当成一种获利工具，高息借贷的现象很少见。

1. 民间借贷发生较为普遍，但无息借贷较多。农户超过一半的贷款是从亲朋好友处获得的，且78%的借款是无息的。大部分农户在借钱时首先考虑的是从亲戚朋友处借，而不是信用社等正规金融机构。由于农户比较分散，农村信贷人员很难收集农户个人信用和经济状况信息，借贷双方存在信息不对称加大了道德风险，结果导致农村信用社提高贷款利率。而民间借贷由于其决策时间短、借贷手续简单灵活，没有担保抵押或担保抵押少、违约风险小、交易成本低等优点，与农户贷款需求额度小、需求紧急、担保抵押缺失等特征相吻合。相比较之下正规金融机构借贷条件约束多，金融服务不符合农户的借贷需求等缺点，造成农民在资金短缺时往往首先考虑向亲戚朋友、邻居借钱。同时民间借贷绝大多数是无息借款，除了用货币支付的有形利息外，民间借贷还存在隐形利息形式，农户亲戚朋友之间的借贷表面上是不支付利息的，但是借款的利息是以"人情债"的形式存在的，借款农户会在必要的时候以不同的方式将隐形利息偿还被借者，比如，无偿给被借者劳动，或当被借者需要资金时提供同样无息的借款给对方。随着农户商品意识和市场意识的增强，农户认识到资金具有时间价值，逐渐认可了有息或适当范围利息的亲友借贷。

样本显示，26.93%的农户认为本地民间存在其他形式的有息借贷活动，73.07%的农户认为本地没有有息借贷活动，说明陕西省民间借贷普遍存在，且以无息为主。2007—2009年向他人借过款的农户占有效样本农户的53.55%，其中，33.23%的农户表示与他人发生过无息借贷，20.32%的农户与他人发生过有息借贷，表明在民间借贷中，农户的资金价值观念在增强，由互助型民间借贷逐步转向收益型民间借贷。在总样本中仅有3.23%的农户向他人借过但没有借到，说明民间借贷的成功率比较高。

2. "方便及时"是农户选择民间借贷的首要因素，选择该原因的农户占总样本的比例高达90%，其次是不需要抵押担保、在银行、信用社贷不到款的分别占3.72%和2.36%，利息成本问题并非农户选择从民间借贷的主要原因。农户之所以选择民间借款，是因为民间借贷形式简单、灵活方便、大部分借款无须担保、不付息或利息较低，交易成本低下，自然而然成为农户借贷的理性选择。但亲友间无息借款实际要负担"人情债"，是建立在血缘关系和情缘关系基础上的互助性借贷，如果能够从正规金融机构获得贷款，他们是不愿意选择民间借贷的。

3. 农户民间借贷的生活性用途占比高。生活性借贷需求自身具有偶然性，一旦发生，数量相对较高，农户很少诉诸农村信用社，更多的是求助于亲友借款这一解决途径。农户从民间借贷的用途依次为孩子学杂费（35.71%）、看病（13.27%）、红白喜事（12.76%）、建房（12.24%）、购买农资（10.2%），再依次为发展工商业（5.61%）、归还其他借款（5.1%）、购买禽畜（4.6%）、购买农机（2.04%）、外出打工（2.04%），其中生产性借贷用途占了24.49%，生活性借贷用途占了73.98%。这表明陕西省农户民间借款的目的主要是满足生活所需。

4.3 农户资金借出行为特征

在农村借贷行为中，农户金融需求主要集中在贷款和存款两个方面，有借入资金的农户必然有借出资金的农户，这两个行为存在对立与统一关系，相互联系、相互影响，共同构成了农户的借贷行为。分析资金借入行为是对农户的债务行为的考察，对资金借出行为的分析则是为了解农户的债权行为。在考察陕西省农户的资金借入行为后，有必要进一步详细分析陕西省农户的资金借出行为（一是储蓄，二是资金民间借出状况）。

4.3.1 农户储蓄行为

储蓄包括广义和狭义两层含义。广义的储蓄是指居民可支配收入减去居民当期消费，表现为收入扣除消费后的余量。狭义的储蓄是指居民把暂时不用于消费的那部分货币收入存入储蓄类金融机构的部分，从而获得利息或相应的贷款、转账等其他金融服务。因此，从另一个角度来看，狭义的储蓄就是储蓄类金融机构为居民提供的一种金融服务，人们习惯上将储蓄理解为居民银行存款。储蓄类金融机构凭借众多的经营网点吸收存款，广泛筹集社会各方面的闲散资金，开展储蓄业务能够获得开展资产业务所需的资金来源时，也需要付出相应的服务成本。储蓄类金融机构业务具有明显的规模经济效应，因为储蓄量越大，提供单位储蓄的服务成本越低，农村地区基础设施相对落后，农村信贷市场狭窄，农户居住分散，收入水平低，储蓄金额少，经济集群效应较差，金融机构提供单位储蓄的服务成本较高，而运用这些储蓄开展资产类业务又受到一定的限制，高成本无法得到有效补偿，使得开展储蓄业务的比较收益下降，减弱了金融机构在这类地区设置经营网点提供储蓄等金融服务的意愿。大型商业银行偏好经济发达地区，1998 年以来，随着商业银行改革的深入，农村正规金融机构数量发生了很大下降，中国农业银行关闭了一些在偏远农村地区的亏损网点，农村信用社也把在贫困边远地区的分支机构降级。

为了进一步了解陕西省农户的储蓄动机、储蓄水平、储蓄目的和金融机构储蓄服务供给情况，从而针对性地改善农村的金融服务水平，本次在农户借贷需求调查问卷中设计了相应问题，取得了相应的数据。针对这些数据进行详细的分析，可以更清晰地了解陕西省农户的储蓄状况。

4.3.1.1 农户到正规金融机构存款有一定距离

金融机构网点的距离直接影响农户获得金融服务的难易，"地理位置"是农户选择储蓄机构的关键性因素。从本次调研地区正规金融机构的构成看，农村信用社以绝对优势占领了农村金融市场，其次是邮政储蓄银行和中国农业银行，金融机构的种类较为齐全，但是正规金融机构在农村地区的网点少，覆盖率较低，一些交通不便利的地区缺乏最基本的金融服务。调查中有 26.02% 的农户所在村有正规金融机构业务网点（其中有信贷员也算是网点）。最近的金融机构离农户家的平均距离为 3.75 公里，其中 2 公里以内的占 5.56%；2 公里至 5 公里的占 89.26%；5 公里以上的仅占 5.19%，道路通车率达到 91.6%。农户可以乘用一定的交通工具如自行车、摩托车等到达最近的金融机构网点，农户到达最近业务网点所需时间平均约为 31.46 分钟，说明陕西农村地区仍有许多金融服务的空白点，"金融网点少，离家距离远"是农户普遍反映的问题，相当一部分农户认为需借助一定的交通工具才能享受到正规金融机构提供的储蓄服务，接受金融服务需支付一定的时间和交通成本，获得存款服务不是很方便，成本加大（见表4–6）。

表4–6　　　　　　　　陕西省农村正规金融机构供给情况

指标	数值
在本村是否有正规金融机构业务网点（%）	
本村有正规金融机构网点	26.02
本村没有正规金融机构业务网点	73.98
离最近的金融机构网点的平均距离（公里）	3.75
道路是否能通车（%）	
通车	91.6
不通车	8.4
您的主要交通工具（%）	
步行	5.5
公共汽车	4.07
自行车	32.38
摩托车	49.29
步行+公共汽车	8.76
到最近的业务网点需要的时间（分钟）	31.46

数据来源：调查数据整理。

4.3.1.2　农户储蓄基于"安全性"考虑首选正规金融机构

储蓄行为是对可用资金的延迟消费，银行通过中介作用运转储蓄资金，以便临时性缺少资金的投资者可以使用这些资金，这个制度是建立在储户信任基础上的，农村地区的存款业务主要是由正规金融机构提供的，说明农户对正规金融机构体系的信任。尽管1997年以来国有商业银行大批从经济不发达地区尤其是广大农村地区撤出或者减少分支机构，但放弃农村，主要是基于"成本—收益"原则，退出了农村贷款市场，不再承担县及县以下农业贷款业务，而吸收农村存款的业务并没有停止。农业银行相当一部分县支行开展存款、清收和中间业务，长期不放贷，大部分营业网点更多地成为单一的"存款机构"（王彬，2008）；国有商业银行的退出为邮政储蓄的扩张创造了条件，邮政储蓄利用其庞大的网络和"只存不贷"的经营特点在农村大量吸收存款，导致农村资金的流失，据粗略估计，邮政储蓄吸收的存款大约有2/3来自农村地区。农村信用社点多面广，不仅是农村地区正规金融机构中主要的贷款业务提供者，而且也是农村地区可供选择的主要的储蓄流向目的地，在农村金融体系中占绝对垄断地位。

调查表明，陕西省农户对手中现钱进行处理时，存入正规金融机构是首选。样本中60.42%的农户在正规金融机构有储蓄存款，在储蓄方式的选择上，选择定期存款和活期存款的农户比例各占一半。对农户存款时选择机构的调查表明，选择在正规金融机构存款的农户比例为53.89%，其中，24.73%选择存在信用社，24.27%选择存在商业银行，4.89%选择存在邮政储蓄银行，可以看出农村信用社在农村存款市场并不占绝对优势，农户对农信社存款并没有绝对偏好，相比农村信用社而言，国有商业银行有国家信誉做保证，基层网点良好的服务环境和相对规范的业务操作，能够给予农户更多的安全感；同时有46.11%的农户选择了以存放在正规金融机构以外的方式来处理闲置资金，其中选择买保险的比例最高，为16.34%，说明农户的保险意识在增强，参与保险的主动性提高了，也反映农户对未来的不确定性增强，尤其是农户"因病致贫"和"因病返贫"的现象不断出现，农户对保险产品特别是"医疗保险"存在较大潜在需求；其次为放在家中，占11.76%，说明农户家庭的货币结余较少，金融风险意识相对淡薄，也反映了农村金融服务机构较少，特别是农业银行基层网点从县以下大量撤出，使得农户将少量结余资金存入银行的成本较高；亲朋好友之间的借贷，占11.14%（其中9.31%为无息借贷，1.83%为有息借贷）；只有1.68%的农村居民选择购买债券、股票，与城镇居民相比，农村居民的金融储蓄结构单一，虽然近年来农户对有价证券等直接融资工具有了逐步了解，但总体上农户储蓄仍以手持现金和银行存款为主，反映出陕西农户收入水平和投资意识的低下及直接融资工具的缺乏；调研样本中参与民间打会的农户比例也较低，只有0.46%，约有0.92%的农户将资金借给小额信贷组织（见表4-7）。总之，安全性、方便些和灵活性是影响农户选择储蓄机构的主要影响因素，大部分农户出于安全和方便的考虑都将收入结余存放在正规金融机构进行储蓄。

表 4 - 7　　　　　农户对手头资金处理方式及存款时选择的机构　　　单位:%

选择存款机构和处理方式	占比
存在银行	24.27
存在信用社	24.73
存在邮局（邮储机构）	4.89
参与打会	0.46
借给小额贷款组织	0.92
放在家中	11.76
购买债券、股票	1.68
有息借给亲朋好友	1.83
无息借给亲朋好友	9.31
买保险	16.34
其他	3.82

数据来源：调查数据整理。

4.3.1.3　农户总体储蓄水平不高

农户储蓄调查显示，对于收入水平不高的农村居民来说，每年所获得的一定收入在扣除子女上学、盖房、看病和乡村里的一些人情交往等这些必要支出后，大多数农户为了能进行储蓄，只能依靠日常的省吃俭用来实现"攒钱"目的。因此，农户储蓄在一定程度上是农户压缩日常消费和生活支出的结果，特别是低收入水平的农户近一半储蓄来源于日常的节约行为。

调研数据显示，在有存款经历的农户中，68.61%的农户存款额度在 2 万元以内，存款额度在 2 万~5 万元的农户占 26.16%，农户存款额度高于 5 万元的仅占 5.32%，这表明陕西省农户总体储蓄水平不是很高，但也有一部分农户的储蓄水平较高（见表 4 - 8）。

表 4 - 8　　　　　2009 年农户储蓄存款区间分布　　　单位:%

2009 年底农户储蓄存款水平	占比	累计
1 000 元以下	6.69	6.69
1 000 ~ 3 000 元	8.43	15.12
3 000 ~ 5 000 元	16.28	31.4

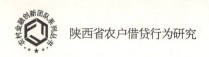

续表

2009 年底农户储蓄存款水平	占比	累计
5 000 ~1 万元	12.5	43.9
1 万 ~2 万元	24.71	68.61
2 万 ~5 万元	26.16	94.77
5 万 ~10 万元	3.78	98.55
10 万元以上	1.45	100

数据来源：调查数据整理。

在储蓄方式的选择上，农户选择定期存款和活期存款的比例各占
51.22% 和 48.78%，说明农户对储蓄方式的选择没有特定偏好，不会出于
增值动机、赚取利息选择定期存款，而是根据自己的实际状况选择适合自
己的储蓄方式。从总体来看，农户的储蓄水平区间分布状况比较合理，呈
现较好的正态分布（见图 4-4）。农户的储蓄水平主要集中于 5 000 ~5 万
元，这一比重高达 63.37%，而 1 000 元以下的小额度存款和 5 万元以上的
大额度存款比重约在 6%。

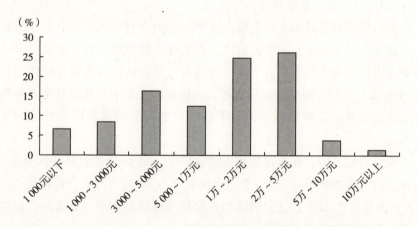

数据来源：调查数据整理。

图 4-4　农户在正规金融机构的储蓄数量区间分布状况

与 2008 年底比较，农户储蓄增长幅度也较小，17.43% 的农户比上年
有所下降，大部分农户增幅集中在 1% ~10%，该比例为 40.67%，而仅有
2.45% 的农户储蓄增幅在 1 倍以上（见表 4-9）。

表4-9	农户储蓄存款增减情况	单位:%
与2008年底比较,2009年底储蓄存款增减情况	占比	累计
比上年下降	17.43	17.43
上年增长1%~10%	40.67	58.1
上年增长10%~50%	34.56	92.66
上年增长50%~100%	4.89	97.55
上年增长1~2倍	1.83	99.38
上年增长2倍以上	0.62	100

数据来源:调查数据整理。

4.3.1.4 农户储蓄目地多出于预防性动机

行为科学理论认为主体行为产生是在其主观动机和客观因素共同作用下的结果,作为经济主体,农户的储蓄动机和客观因素也直接影响农户的储蓄行为,储蓄动机是影响农户储蓄行为的深层因素,储蓄动机决定农户把收入进行消费或储蓄选择的比例,人们为什么进行储蓄,储蓄多少,选择何种储蓄方式,总是伴随一系列有目的和有意识的复杂心理活动,储蓄活动不是一种无意识的机械行为。因此,分析农户储蓄行为,必须考虑农户的储蓄动机。

传统农户受到"节俭持家"观念的影响,没有明确用钱目的的农户会首先选择把钱存起来;加之由于农村地区缺少其他金融资产形式可供选择,农户只能选择银行储蓄。农户储蓄的明确目标是为了社会保障目的,农业保险、社会保障等制度的短缺,厌恶风险的农户为预防未来的不确定性,必然选择预防性储蓄。预防性储蓄是为避免未来收入的不确定性导致消费水平的急剧下降而进行的储蓄,也可理解为抵御未来收入与支出的不确定性。由于气候和季节等因素影响,农户的收入具有较大的不确定性,如果未来收入不稳定,为了应付生活中的应急、天灾人祸等不确定风险,在农村社会保障体系不健全的条件下,农户预防性储蓄占全部储蓄的比重就会提高,从而导致高储蓄率。从调查结果看出,陕西省大多数农户的储蓄仍以预防性储蓄为主,农户的持币动机确有很强的预防性储蓄特点,农户储蓄资金的主要用途是为了子女教育和应付生活需要,农户用于生产性用途的储蓄行为仅占14.95%(包括用于经商2%,以及用于来年购买生产资料 12.95%）；而用于满足生活性动机的储蓄行为高达 83.16%，其中 20.21% 的储蓄主要用于今后生活需要，26.63% 的农户家庭储蓄用于孩子上学，与在校学生人数占家庭人口的比重大体相当，后一比重为 26.94%①，说明农户的教育需求旺盛，非常重视对子女的教育投入，但同时体现高的教育成本给农户背上沉重的教育负担。用于建房、购买家电等改善生活质量的储蓄仅占 16.11%（见图 4 – 5）。可见，当前陕西省农户进行储蓄的动机主要以预防性为主，突出表现在预防不确定性支出，如子女教育、以后生活用途、看病等；而以开展生产为目的的储蓄（包括购买生产资料、经商等）比例偏低。

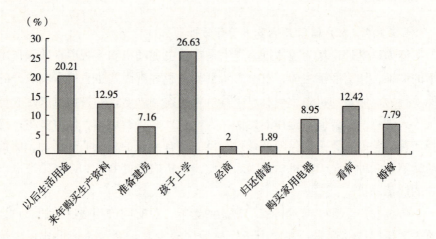

数据来源：调查数据整理。

图 4 – 5　农户储蓄用途选择

4.3.2　农户资金民间借出行为

农户资金民间借出行为是指农户作为资金的借出者把暂时闲置的资金借给其他农户使用的行为，属于私人借贷范畴。由于它是农户之间的一种资金往来行为，发生在农业内部、农业与非农产业之间，与政府和金融机构、农户之间存在逻辑上的密切相关。农户私人借贷作为金融资本的一部

①　被调查农户中，户均在校学生人数为 1.18 人，而农户家庭户均常住人口数为 4.38 人。

分，除了适用金融市场分析的一般方法，还涉及制度、信息、农业本身的特性、政府作用以及农村社会特征等相关领域。

民间资金借出行为主要依托血缘和地缘关系，向亲戚、朋友或邻居等融出资金。通常，这种借款分为盈利性借贷和互助性借贷两种。前者利率一般很高，后者则只需要很少的利息或者没有利息，没有固定期限。由于陕西省经济相对落后，农村中的商业性民间借贷并不是很发达，没有出现在沿海发达地区农村普遍存在的民间金融机构，农户之间的资金借出行为带有明显的互助合作性质，大多数农户认为，村民之间一般性的借贷不应该收取利息，因为，居住在同一个村子里，在别的村民遇到困难时给予资金上的临时周转，等到自己遇到困难时也会得到别人的帮助，收取利息则会破坏村民之间这种资金互助氛围。

农户资金借出率不高，且大都借给亲戚朋友。样本中2009年将资金借出的农户共56户，占被调查农户的11.24%。其中，借给亲戚朋友的占34.44%，同村村民的占45.23%，其他占20.33%。农户资金借出大多以小额为主，期限不定，农户借出资金平均金额为8 643元，其中5 000元以下的占53.34%；5 000~10 000元占37.48%；10 000元以上的占9.18%。

农户借出资金主要以无息为主，大部分不需要借据和抵押。其中采取有息方式的占28.57%；采用无息方式的占71.43%。在发生借款的农户中，要求写借据的占23.08%；不要求写借据的占76.92%。借款中要求有抵押物的占25%；不要求有抵押物的占75%。抵押物选择家庭财产中的大件的占32%；选择他人存折的占36%；选择本人存折的占34%。在不要抵押物的情况下，需要保证人担保的农户占90.9%；不需要担保的占9.1%。保证人选择亲戚朋友的占58.82%；选择乡村干部的占41.18%。可以看出，农户之间的私人借贷依靠农村一定地区的人际关系、惯例和习俗规范，在一定区域或组织内部发生。基于信息优势和成本优势，相比于正规金融机构，私人借贷对借款方资金的用途不作过多规定，主要用于生活性消费，很少用于农业投入方面，农户可以比较灵活地支配借款用途，资金能够被用到农户最需要的地方，更加有效地满足农户对资金的融入需求。

非正规金融是基于亲情、社区等人情和血缘关系建立起来的，对借款人的信用状况、收入状况和还款能力等信息相对了解，具有交易方式灵活、交易成本低和有效的惩罚监督机制，比正规金融更适合农户信贷需求的特征。然而，从上述结果来看，尽管非正规金融具有信息优势，能够对借款人进行比较筛选，但它不能很好地弥补正规信贷不足导致的资金缺口，只能在人们的关系较短、社会信用圈小、层次少的范围内存在，交易范围超出既定的社会信用圈之外时，非正规金融发展的局限性就显露出来。这固然与政府过去对非正规金融的打压或者抑制政策有关，也与非正规金融本身的特点有关。过去的许多调查（如汪三贵等（2001），黄祖辉等（2007））指出，非正式金融主要满足农户的消费性需求，如建房、子女上学、生病等。调查结果证实由于非正规金融的角色和地位，它显然不能扭转农村金融市场正规金融供给不足的局面。

4.4 小结

总体显示，陕西省农户的借贷行为存在着如下特征：

1. 农户家庭基本情况：陕西省农户家庭主要劳动力普遍接受过基础教育，农户在外务工较为普遍，工资性收入在农户收入比重中呈现逐渐增加的趋势，农户家庭仍以从事传统的种植业生产为主。

2. 农户借入资金行为特征：从信用社、邮政储蓄银行或其他银行得到过贷款的农户比例较低，在正规金融机构中，农村信用社是满足农户贷款需求的主渠道，只要农户有意愿并提出申请，农信社贷款申请批准率相对较高；影响农户提出贷款申请的主要因素是成本问题。农户认为家庭还款能力是获得贷款的最重要因素；小额信用贷款业务不被大多数农户了解，信用证借出率很低，只有接近1/3的农户已获得信用评级，同时农村信用社对农户的授信额度低于农户期望的贷款额度；农户借款用途呈多样化特征，生活性借贷占比最大，农户借款具有明显的季节性，借款期限较短，农户对利率水平有一定的敏感度，为获得正规金融机构的贷款，绝大多数农户愿意多付利息，农户利息承受有限，在不同情况下对利率的接受程度不同。陕西省农村地区广泛存在农户民间借贷行为，但无息借贷较多，农户超过一半的贷款是从亲朋好友处获得的，农户选择民间借贷的首要因素是"方便及时，无须抵押和担保"。高利贷很少见。

3. 农户借出资金行为特征：正规金融机构是农户存款的首选。农村正规金融机构在农村地区的覆盖率较低，农户需借助一定的交通工具才能享受到储蓄服务。正规金融机构是农户储蓄存款的首选，农村信用社在农村存款市场不占绝对优势，农户根据自身情况选择活期存款和定期存款，且农户总体储蓄水平不高，储蓄增长幅度也较小，储蓄动机仍以预防性为主。农户资金民间出借率不高，大多数以无息方式借款给亲友，没有规范的借据凭证，以小额为主。

5 陕西省农户借贷行为影响因素实证分析

影响农户发生借贷行为的因素，从宏观上看有区域经济发展水平、金融环境、正规金融机构贷款条件等；从微观上来看有农户经济主体的差异等。通过分析农户借贷行为的影响因素，帮助农村金融机构针对农户金融需求特点制定适合农户借贷和农村金融发展的相关产品和服务，降低贷款风险，提高农村资金的配置效率和农户收入水平。本章在上一章农户借贷行为描述性统计分析的基础上，从影响农户借贷行为的因素入手，分析农户个体特征、收入状况、储蓄和农村金融环境等因素对农户借贷意愿和借贷渠道选择的影响。

5.1 农户借贷需求因素说明

5.1.1 影响因素

我国农村正进行着由乡土社会结构向现代市场社会的转型，这些转型对农户的经济行为产生重大影响，导致农户的个体差异化，差异不仅包括农户自身特征，还包括农户家庭成员构成、收入、经营规模和所处地区金融发展水平等方面的不同，这些差异因素会影响农户的借贷行为。

农户是一个面临自己实际约束条件和资源禀赋条件进行收益—成本核算的"理性经济人"，农户的借贷行为遵循一定约束下的效用最大化原则，在选择是否借贷或通过何种途径融入资金的问题上是经过对自身成本收益的精明计算的，农户不会盲目借款，也不会盲目支付借贷成本，而是根据自己实际情况选择较大效用的借贷方式。农户是否会发生借贷行为有两个原因：（1）农户是否具有借贷需求，即农户是否有借钱的动机；（2）在农户有借贷需求的前提下，其资金需求能否被满足，即农户可不可以借到钱。农户自身个体行为特征的差异及所处的金融环境无疑是决定农户是否愿意借贷，以及贷款需求能否得到满足的重要因素，在此基础上建立起来的以农户需求为核心的农村金融体系才可能是符合实际的。

本章对农户个体特征和金融市场环境两个方面影响因素进行细分。影响农户能否获得信贷支持的因素有很多，农户个体的一些基本条件，如农户收入水平、家庭人口、耕地面积、农户年龄和受教育程度等行为主体因素，而且从农户面临的金融环境来讲，也会有很多因素影响到其借贷行为（见图 5 - 1）。

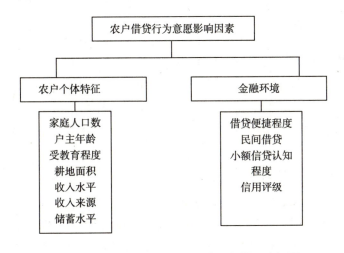

图 5 - 1   影响农户借贷行为因素分析的理论框图

5.1.2 农户个体行为因素

1. 农户收入水平。收入与资产一样，被当作还款能力的标志，从农户收入水平与借贷需求的关系看，农户的收入状况构成其预算约束，农户只能在既定的收入水平下决定其借贷需求主体水平。我国大多数农户具有"内源融资"的偏好，农户在发生资金困难时，并不会首先从外部获取资金，而是更愿意通过自身积累解决资金短缺问题，以避免发生债务负担。因此，收入水平越高的农户越可能因其自有资金充裕，可以满足日常开支而不需要外部资金。分析中用家庭总收入和农户储蓄存款水平来描述收入水平，我国农户的收入水平与信贷需求可能会呈现出倒 U 形的关系。当农户收入处于较低水平时，由于自投资金有限和不具备投资能力等原因，贫困农户往往也缺乏合适的投资机会，因而贷款需求也相对较低，即使有贷款需求大多也是用来应付日常开支的生活性借款。随着收入水平逐渐上升会引起农户信贷需求的快速增长，农户希望通过对外融资进一步摆脱贫困，增加收入；而当农户收入达到了一定水平后，他的贷款需求不仅没有上升反而会下降。这是因为在农村，由于从事农业生产的收入有限，农户想增收往往需要依赖外出务工提供非农收入，农村中收入水平较高的农户多有非农收入，当农户依赖这些方式致富以后，即使出现资金入不敷出时，他完全可用积攒的储蓄来填补暂时的资金空白，也更加倾向于通过打工等方式获得收入，借贷需求会进一步下降。

2. 收入来源。农户的收入来源也同样会对其借贷行为产生影响，不同的收入来源表明农户从事具体的生产经营活动不同，因为收入来源可以反映农户经济活动的主要类型及其内部的结构特征，从而影响其借贷需求。研究显示，外出务工收入对正规借贷具有一定的替代作用，农户的务工收入越高，就越不会发生借贷行为。农户的借贷需求与非农收入呈明显替代关系。

3. 户主年龄。年龄影响农户对待资金借贷的认识和态度，从而会对其资金借贷行为产生影响。按照生命周期理论，年轻家庭更愿意贷款，而老年家庭更倾向于储蓄；户主年龄较小和较大的农户倾向于生活性借贷，中年农户更倾向于生产性借贷。年龄增长会使农户的生产与投资活动相对减少，那么对资金和借贷的需求也就减少。但是，随着农户年龄增长，农户因劳动技能和身体素质相应下降使其获得收入的能力减少，而产生对外的资金和借贷需求。但是，当农户的年龄达到 60 岁以上后，农户逐渐丧失生产能力，收入来源减少，基本上没有偿债能力，这个年龄段的农户如果有资金需求时，首先向子女借款，在不能获得子女帮助或子女帮助不能满足的情况下才会选择向外借贷，农村信用社等正规部门或其他非正规金融部门基本上不会对这个年龄段的老人发放贷款。因此，达到一定阶段的年龄后农户是很难获得借款的。

4. 受教育程度。户主的文化程度对农户的借款需求的影响是很确定的，受教育程度的高低可以反映一个人的文化和认知水平、学习能力以及经营能力的强弱。虽然文化程度不能直接用来衡量农户的债务偿还能力和收入水平，但是对于农户来说，受教育程度高意味着高水平的人力资本拥有量，文化程度也能体现农户对新产品、新技术的接受和应用的能力，从而间接反映农户获得收入的能力。此外，还体现农户对国家农业政策及农信社贷款政策的认知和接受能力，具有一定的信用意识和金融意识，在搜集和评价相关信息方面遇到的困难少，就可能越少地承担进入正规金融市场的成本。所以受教育程度越高的农户，越有可能在农业生产中进行一定程度的创新，敢于借款发展生产、进行投资或者积极配合国家产业政策发展而增加收入，从而产生对外借贷需求。此外，在受教育水平普遍较低的农村，较高文化程度的村民具有一定的威望，受到其他村民的尊重，反映农户在当地具有较高的社会地位和信誉，有利于农户获得借贷支持，对于农户从正规渠道和非正规借渠道获得借款都有正向影响。基于上述分析，本章认为户主的受教育程度对农户借贷有正向影响。

5. 家庭耕地面积。耕地作为农户所拥有的长期稳定的资本，具有持续产生收入的能力。农户耕地面积可以衡量农户的生产经营规模，是农户家庭获得收入的重要途径，耕地面积越大，用于农业的支出就越多，从而对资金的需求就越大，就有可能发生借贷行为。李锐（2004）通过分析我国农户借款与土地规模之间的关系，认为农户拥有的土地面积与借款行为之间存在相关性，农户的土地经营规模对农户借入资金有正面影响。Pal（2002）根据印度的经验数据指出农户土地数量与借款规模之间存在相关性。随着我国农地金融政策的推开，农户耕地通过办理土地产权证，可以到农信社获得抵押贷款，实现土地向资本的转化。农户的生产经营规模越大，借入资金的数目可能就越大；反之，如果生产经营规模越小，其资金需求规模也越小。

6. 家庭总人口。每户中劳动力人数既是农业作业的基本人力资源，同时也是开辟非农收入的主要人力资源。农户的家庭总人口数也会影响到农户的资金需求，一般来讲，人口越多的家庭生活开支越大，依靠自身积累无法解决时，也就越容易产生资金借贷行为。

5.1.3 金融环境影响因素

农户面临的金融环境包括一系列反映正规金融资源对农户可得性的指标：农户当地有无正规金融机构网点、正规金融机构（主要是农信社）是否对农户进行信用评级并授信、农户对信用社开展的小额信用贷款业务的认知程度（从侧面反映农信社对其金融业务的宣传情况）等因素；从非正规金融渠道的资金供给来看，主要利用了农户当地有无有息借贷活动这一指标，来反映农户所在地的民间借贷活动活跃程度。

　　调查发现农户在实际借贷中存在四种借款后果：一是没有发生任何借贷行为。农户的自有资金已经能够保证生产经营和日常消费，无须对外借款；即使农户有借贷意愿，但因为农户信誉程度低导致根本无法从任何渠道获得贷款。二是从亲戚朋友等非正规金融渠道获得贷款。三是农户从农村信用社或商业银行等正规金融渠道获得贷款。四是农户既有从正规金融渠道获得的贷款，也有通过非正规金融渠道获得的贷款，上一章对农户借贷行为特征描述的过程中可发现有四成多的农户从正规金融渠道和非正规金融渠道同时存在借款行为，可能的原因是单一渠道的贷款金额无法完全满足农户的资金需求。发生正规金融借贷的农户和发生非正规金融借贷的农户都是出于收益和成本的约束。

　　为了更好地对陕西省农户借贷行为影响因素进行分析，结合问卷设定的对应问题，把农户借贷行为分别界定为农户是否具有信贷需求（包括从正规金融渠道和非正规金融渠道两方面的需求）、农户从正规金融渠道（包括农村商业银行、农村信用社、城市商业银行、国有商业银行及股份制商业银行）的借贷行为和农户从非正规金融渠道（包括农户间互助性资金借贷行为、有息借贷行为、参与合会等）的借贷行为三个方面来分别进行实证研究（见图5-2），能够更好地了解不同因素对农户借贷途径选择的影响。

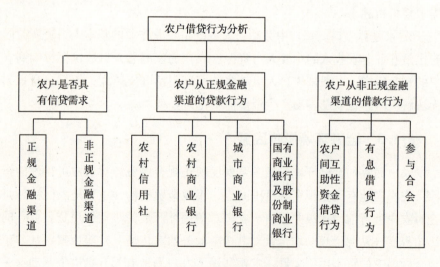

图5-2　农户借贷行为界定

5.2　农户借贷需求因素分析的计量模型

5.2.1　变量定义

分析表明，户主年龄、家庭成员受教育水平、收入水平和金融环境等因素均对农户借贷行为存在一定程度的影响。但这些因素对农户借贷需求的影响是否显著，需通过数学模型来检验，本章运用二元选择的计量方法对农户借贷影响因素进行分析。

5.2.1.1　被解释变量

在计量分析中，选取反映农户借贷行为三个方面的变量为被解释变量（Dependent Variable），分别是（1）Demond："您家在生产、生活及其他活动过程中，是否需要从银行、信用社或其他私人渠道借款？"如果农户贷款，赋值1；如果农户不贷款，赋值0。（2）Loan："是否从信用社、邮政储蓄或其他银行得到过贷款？"如果农户从银行（信用社）贷款，赋值1；如果农户没有从银行（信用社）贷款，赋值0。（3）Credit："您家是否向除正规金融机构以外其他渠道借过款？"如果农户从非正规金融机构贷款，赋值1；如果农户没有从非正规金融机构贷款，赋值0。

5.2.1.2　解释变量

选取反映农户借贷行为的影响因素作为解释变量（Independent Variable），分别用 Population（2009 年末家庭常住人口人数）、Age（户主年龄）、Education（劳动力最高受教育程度）这三个变量反映农户基本特征；用 Land（2009 年末您家实际经营耕地面积多少亩）、Income（2009 年您家的总收入是多少元）、Income Source（2009 年您家主要收入来源）和 Deposit（2009 年底储蓄存款水平）这四个变量反映农户耕地面积、收入情况、收入来源和储蓄情况；用 Institution（在本村是否有金融网点）和 Informal（民间是否有其他形式的有组织的有息借贷活动）这两个变量度量农户当地正规金融资源可得性及非正规金融活跃程度；用 Awareness（是否知道农村信用社开展的农户小额信用贷款）和 Granted（信用社是否对您家进行过信用评级并授信）来反映农户对当地金融机构信贷产品的认知程度及农户被授信情况，以上共计 11 个问题的统计结果作为变量的数据来

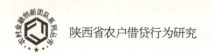

源。在介绍具体分析模型之前，首先对模型中涉及的以上变量进行定义（见表 5 - 1）。

表 5 - 1   **变量的定义与说明**

变量名称	变量定义	对农户借贷需求影响的理论判断
因变量		
Demand	是否有借贷需求，有 = 1，没有 = 0	
Loan	是否从正规金融渠道得到贷款，有 = 1，没有 = 0	
Credit	是否从非正规金融渠道得到借款，有 = 1，没有 = 0	
解释变量		
Population	家庭常住人口数，在农村，以户为单位的生产方式中，每户中劳动力人数既是农业作业的基本人力资源，同时也是开辟非农收入的主要人力资源	+
Age	户主年龄	−
Education	农户家庭劳动力最高受教育程度，1 = 未上学，2 = 小学，3 = 初中，4 = 高中，5 = 中专，6 = 大专及以上。受教育程度是大多数研究认可和证实的人力资本积累的重要基础，我们把每户中最高的文化程度作为该户受教育程度的代表指标。根据赋值情况，较高的赋值意味着更高水平的人力资本拥有量	+
Land	农户经营耕地面积，耕地作为农户所拥有的长期稳定的资本，具有持续产生收入的能力	+
Income	家庭总收入（元），其中：1 = 不大于 5000 元，2 = 5 000 ~ 1 万元，3 = 1 万 ~ 2 万元，4 = 2 万 ~ 5 万元，5 = 5 万 ~ 10 万元，6 = 大于 10 万元	−
Income Source	收入来源：1 = 农业生产经营收入，2 = 非农业生产经营收入，3 = 工资性收入，4 = 其他收入	−
Deposit	农户 2009 年底储蓄存款水平：1 = 1 000 元以下，2 = 1 000 ~ 3 000 元，3 = 3 000 ~ 5 000 元，4 = 5 000 ~ 1 万元，5 = 1 万 ~ 2 万元，6 = 2 万 ~ 5 万元，7 = 5 万 ~ 10 万元，8 = 10 万元以上	−
Institution	农户所在村是否有正规金融机构业务网点，有 = 1，没有 = 0	+

变量名称	变量定义	对农户借贷需求影响的理论判断
Informal	农户所在地民间是否有其他形式的有息借贷活动，有 =1，否 =0	－
Awareness	是否知道农村信用社开展的农户小额信用贷款，有 =1，否 =0 根据农户对国家农业贷款政策了解程度赋值，较高的赋值意味着农户对国家（农信社）农贷相关政策越了解	+
Granted	信用社是否对农户进行过信用评级，有 =1，否 =0	+

5.2.2　计量模型与计量方法说明

现实经济中的经济主体会面临许多二元选择的情形（是与否的选择）。就农户借贷行为而言，农户面临一个二元决策问题，即农户需要决定是否申请借款，实质是一个参与问题，对于特定的金融交易形式而言，作为解释变量的值是借还是不借，是一个离散变量，一般采用 Probit 模型和 Logit 模型检验。根据调查数据，这里选择二项分布的 Probit 模型对影响样本农户借贷行为的特征变量进行估计。假设 Y 表示一个虚拟变量，它的取值为 1 或者 0。对于每一个农户，假设 I 是决定 Y 取值的关键因素，如果 $X_i > X_i^*$，则取值为 1；如果 $X_i < X_i^*$，则取值为 0。Probit 模型假设 X_i^* 是服从正态分布的随机变量，则 $X_i < X_i^*$ 的概率可以用概率分布函数来计算。标准正态概率分布函数为

$$p_i = F(X_i) = \frac{1}{\sqrt{2\pi}}\int_{-\infty}^{X_i} e^{\frac{-t^2}{2}} dt \tag{5.1}$$

从借贷行为的差异性来说，不同地区、收入水平、经营类型和资产状况的农户金融交易行为存在较大的差异性。一般来说，影响金融机构农户信贷决策的因素可以表示为如下公式：通过 Probit 方法对下列方程进行估计，就可以得出影响 Y 取值的因素及其影响方向等。

$$Y = a_0 + a_1 Household_i + a_2 Wealth_i + a_3 Income_i +$$
$$a_4 Credit_i + a_5 Formal_i \tag{5.2}$$

在此，被解释变量 Y 分别表示的是农户是否有信贷需求和农户是否能够从正规金融机构与非正规金融机构渠道获得贷款（是 =1，否 =0）。解

释变量 $Household_i$ 包括关于农户的一组特征变量（家庭人口数、户主年龄、劳动力受教育程度等），$Wealth_i$ 是有关农户财产的一组变量（耕地面积、金融资产等），$Income_i$ 是与收入有关的一组变量（收入、收入来源特征等），$Credit_i$ 表示与农户贷款能力相关的一组特征变量（是否被评级与授予信用额度、对小额贷款业务的认知程度等），$Formal_i$ 表示与当地正规金融资源与非正规金融资源的可获得程度有关的一组特征变量（当地是否有正规金融机构网点、当地是否存在民间有息贷款情况等），共计 11 个自变量。

5.3 模型估计结果

5.3.1 农户借贷需求意愿影响因素的实证分析

5.3.1.1 计量结果

根据调查数据，以农户是否存在借贷需求作为被解释变量进行估计，运用 Probit 方法的分析结果见表 5 - 2，由计算结果得出，分别对被解释变量具有显著性影响的因素见表 5 - 3。

表 5 - 2　　　　　　　　陕西省农户借贷需求因素分析估计结果

解释变量	变量系数及统计值	
C	0.980166 ***	(2.356217)
Age	- 0.169102 ***	(- 2.848180)
Education	0.110384 *	(1.773789)
Population	0.009870	(0.189900)
Income	- 0.155643 *	(- 1.925425)
Income Source	- 0.064934	(- 0.851191)
Institution	- 0.008262	(- 0.051351)
Deposit	- 0.176168 ***	(- 3.570243)
Awareness	0.228417 *	(1.677071)
Granted	0.101393 *	(1.512751)
Informal	- 0.004589	(- 0.028755)
Land	0.045671 *	(1.947549)

注：①圆括弧内的是 z 统计值。

②显著性的标注：* 为10% 显著性水平，*** 为1% 显著性水平。

表 5 – 3   显著性影响农户借贷需求的因素

对农户是否具有信贷需求的影响因素	
正向显著因素	农户受教育程度（Education） 是否知道小额信用贷款（Awareness） 是否被信用社评级并授信（Granted） 农户耕地面积（Land）
负向显著因素	户主年龄（Age） 家庭总收入水平（Income） 农户家庭储蓄余额（Deposit）

5.3.1.2　计量结果分析

1. 对农户借贷需求有正向影响的因素分析：

（1）农户受教育程度（Education）对农户信贷需求具有显著的正向影响，农户的文化程度越高，越容易产生贷款需求。在 10% 的统计水平与其信贷需求呈正相关。随着教育越来越受到农户重视，这部分支出在农户家庭支出中占很大部分，而且教育支出弹性不大，必须通过借贷来满足资金需求。同时，相对而言，农户受教育程度越高，对信用社和银行等正规金融机构的认识就越深入、越具有较好的现代金融意识，可能越有投资观念，越愿意通过多种渠道融资来发展生产，其家庭的生产经营范围较广、生产能力也相对较强，对资金的需求也就越强烈，还款也相对有保障，更倾向产生信贷需求。

（2）农户对信用社开展的小额贷款业务认知程度（Awareness）在 10% 的统计水平上对农户信贷需求具有正向影响，说明农信社等正规金融机构对其金融产品和服务进行宣传的重要性，越多的农户知道信用社的小额贷款业务，可能就有越多的农户在发生自有资金不足的情况下，产生向外借贷需求。

（3）是否被信用社评级并授信（Granted）对农户信贷需求具有显著的正向影响，表明信用社开展的小额信贷业务的力度与农户的借贷意识和信贷需求有直接关系。信用社通过开展评级活动的，一方面，农户得到相应的金融知识宣传，比以前更了解信用社的业务活动；另一方面，农户得到自己的信用评级结果后，大大增强了贷款需求的意愿，并且通过农村社区其他已获得贷款农户的示范效应，农户就越容易产生信贷需求。

（4）农户耕地面积（Land）也是影响农户借贷需求的一个显著变量，农户借贷需求与户均耕地面积呈正向关系，户均耕地面积大的农户对借贷的需求大，户均耕地面积小的农户对借贷的需求较小。耕地作为生产要素必须和资本结合才能获得产出和收入，户均耕地面积可以衡量农户家庭农业收入。户均耕地面积越大，说明农户的生产经营规模大，则在农业生产上的投入也越多，农户资金需求的可能性和规模就越大，如果内源性融资无法满足其生产需要，他们就会产生贷款需求，会选择从非正规金融机构或从正规金融机构借款，再到同时从两种渠道都融资的顺序。总之，农户向外融资的可能性越大。

2. 对农户借贷需求有负向影响的因素分析：

（1）户主年龄（Age）对于农户的信贷需求具有显著的负向影响。一是由于农业生产特征，户主年龄越大，身体素质和劳动技能下降，其投资与生产会相对减少，从农业生产取得的收入也随之减少，收入的下降使得农户对未来偿债能力的预期抱以消极的态度，相应的资金和借贷需求也就减少了。二是按照生命周期假说，年轻人更愿意贷款，而老年人更倾向于依赖储蓄。可能的解释是随着农户户主年龄的增长，农户的生产形式趋于稳定，不会有太大变化，因此不会产生由于改变生产组织形式（例如从种植户转向养殖户，或者从纯农户转为兼业农户）而带来的借贷需求；并且户主年龄越大，农户家庭的资产积累越多，在资金上越可能达到自给自足，因此对信贷的需求越小。三是年纪较大的农户思想保守，受"无债一身轻"的传统观念的影响较大，对外借款发展生产的意愿不强，年轻人的思想观念开放，接受新事物的能力强，又正处于生产活跃阶段，比较倾向于通过借贷来筹集资金。

（2）家庭总收入水平（Income）。农户的收入水平对农户借贷需求的影响在10%水平上具有负的统计显著性。也就是说，当农户的收入增加时，其流动资金增加，这种变化会导致农户减少借贷需求。收入越高，借贷倾向越低，农户人均纯收入越高，自有资金支付能力越强，抵御生活开支的能力就越高，借贷需求可能性就越小。根据黄宗智的"拐杖理论"，小农经济农户在产生资金缺口时，要么增加非农收入，比如外出务工，或者通过发展家庭副业提高非农收入；要么通过非正式借贷（主要针对非生产性用途），借贷动机主要是满足消费目的，而不是生产性的。非农收入增加会对农户借贷倾向产生替代作用，当非农收入作为"拐杖"提高了农户收入水平后，农户流动资金增加，农户的借贷倾向自然就会降低；当农户非农收入减少发生流动资金紧缺时，农户借贷倾向就会增强（王曙光，2006）。农户借贷需求主要产生在中低收入水平的农户中，其生产性借贷需求主要是为发展传统农业生产和扩大生产规模，所以要彻底实现农民增收，从资金层面上来看，就要首先满足中低收入农民的借贷需求。

（3）农户家庭储蓄余额（Deposit）对农户是否有信贷需求具有明显的负向影响，说明家庭拥有较多储蓄的农户较少从金融机构贷款，储蓄属于家庭流动资产，需要资金时拥有较多储蓄存款的农户依靠自身资金就可以解决问题，因此较少需要向外借贷，信贷需求相对较小，主要是因为相对于房产、电器和运输工具等其他固定资产而言，储蓄具有很强的变现能力，在需要资金时，家庭有较多储蓄存款的农户依靠自有资金就可以解决问题，在一定程度上缓解了农户的资金需求。

另外，农户家庭常住人口、收入来源、农户所在村是否有正规金融机构网点、信用社是否对农户进行过信用评级和农户所在地民间是否有其他形式的有息借贷活动没有通过显著性检验。但从符号上判断，农户家庭常住人口数与借贷需求呈正相关，说明人口越多的农户其更倾向于对外借贷资金。收入来源与农户是否有借贷需求具有负向影响，回归结果表明非农收入来源越高，借贷需求意愿越低，说明非农收入高的农户，自有资金比较充裕，借贷需求意愿不强。农户所在村是否有正规金融机构网点对其信贷需求有负向影响。一个可能的解释是农村有正规金融机构网点的地区经济一般较为发达，农户有充裕的自有资金，借贷需求意愿较低。农户所在地是否有其他形式的有息借贷活动与农户资金需求成反比，这与实际情况相符，说明农户获得资金的渠道越多，其借贷需求会被分散反而削减了信贷需求。信用社是否对农户进行过信用评级与信贷需求成反比的可能解释是农户实际切身感受信用社的评级工作后，认为贷款获批程序过于复杂，借贷困难反而会抑制其信贷需求。

5.3.2　正规金融渠道农户借贷行为影响因素的实证分析

5.3.2.1　计量结果

根据调查数据，以农户在正规金融渠道的借贷行为作为被解释变量进行估计，运用 Probit 方法的分析结果见表 5-4，而由计算结果得出，分别对被解释变量具有显著性影响的因素见表 5-5。

表 5-4　　影响农户正规金融渠道借款行为的因素分析估计结果

解释变量	变量系数及统计值	
C	- 1.224865 **	(- 2.301661)
Age	- 0.091082	(- 1.261036)
Education	- 0.071490	(- 0.867198)
Population	0.111354 *	(1.704243)
Income	- 0.022444	(- 0.219423)
Income Source	0.053183	(0.539508)
Institution	0.078944	(0.390246)
Deposit	- 0.088367 *	(- 1.654998)
Awareness	0.314453 *	(1.768318)
Granted	0.120957	(0.504160)
Informal	0.090580	(0.490926)
Land	0.078773 ***	(2.787053)

注：①圆括弧内的是 z 统计值。
②显著性的标注：* 为 10% 显著性水平，** 为 5% 显著性水平，*** 为 1% 显著性水平。

表 5-5　　对农户正规金融渠道借款行为具有显著性影响的因素

对农户是否具有信贷需求的影响因素	
正向显著因素	家庭常住人口数（Population） 是否知道小额信用贷款（Awareness） 是否被信用社评级并授信（Granted） 农户耕地面积（Land）
负向显著因素	农户家庭储蓄余额（Deposit）

5.3.2.2　计量结果分析

1. 对农户是否从正规金融渠道得到贷款有正向影响的因素分析：

（1）家庭常住人口（Population）对于农户从正规金融渠道获得贷款具有显著的正向影响，表明人口越多的家庭其信贷需求越旺盛，家庭人口数与家庭开支密切相关，这与实际情况是相符的，人口越多的家庭，用于孩子学杂费、建房以及看病等用途的开支也就越大，相应的家庭经济负担也较重，更倾向于产生信贷需求。

（2）是否知道小额信用贷款（Awareness）在 10% 的统计水平上对农户是否从正规金融渠道获得贷款具有正向影响，说明农信社等正规金融机构通过各种渠道和方式对其金融产品和服务进行宣传的重要性。农户与信用社接触越多，对小额贷款相关业务和程序就越了解，诸如贷款政策、贷款利率、额度和期限，就越偏向于通过正规金融渠道借款。金融机构通过宣传也增加了当地农户的金融、信用意识，农户在需要资金的时候通常会先去金融机构申请。

（3）是否被信用社评级并授信（Granted）对于农户从正规金融渠道获得贷款具有显著的正向影响。信用社开展的小额贷款可分为抵押贷款、小组联保贷款和小额信用贷款等，由于农户缺少有效的抵押物和信用社不易评估抵押物的价值，农信社开展较多的是小额信用贷款和联保贷款；农户接受信用社评级和授信以后，被纳入金融机构的信用体系中，说明农户的资信程度符合金融机构的要求，增强了农户借贷需求意愿。同时，信用评级增加了农信社对农户信用的了解，对其获得正规金融渠道贷款具有明显的正向作用。

（4）农户耕地面积（Land）也是影响农户是否从正规金融渠道获得贷款的一个显著变量，农户正规借贷需求与户均耕地面积呈正向关系，耕地面积反映农户的农业生产规模，由于农业生产的季节性，难免会出现短期资金需求，耕地面积越大，说明农户农业生产性支出越大，农户获得正规借贷的可能性越大。同时，耕地作为农户家庭的基本生产资料，仍是农户获得收入的重要途径，耕地面积越大，农业收入就可能越高，农户获得正规金融机构贷款的可能性就越大。

2. 对农户是否从正规金融渠道得到贷款有负向影响的因素分析：

农户家庭储蓄余额（Deposit）表明家庭拥有较多储蓄的农户较少从金融机构贷款。因为储蓄属于家庭流动资产，从利息成本角度来考虑，需要资金时拥有较多储蓄存款的农户依靠自有资金就可以解决问题，因此较少需要从金融机构贷款。

通过以上分析，发现影响农户从正规金融市场获得贷款既有供给方面的原因，也有需求方面的原因。农信社偏好把贷款发放给生产经营规模大和信用程度高的农户；农户储蓄水平较高的家庭对正规贷款的需求更小，原因是这些农户有充裕的自有资金，可以弥补家庭支出的缺口和从事生产活动，从而对贷款的需求也较小。综合以上供求双方的结果，正规金融机构不能单纯为了提高贷款覆盖面而增加借贷供给，因为覆盖面的扩大是建立在农户借贷市场参与程度上的，只有农户对正规借贷存在有效需求，才会主动参与借贷市场，贷款的覆盖面相应也就提高了。调查数据中有 42%的样本农户存在名义正规借贷需求，有效需求不高，反映农村信用社所提供的贷款产品与农户的需求不匹配，如果农信社能够从农户借贷需求特点出发，有针对性地创新贷款产品和服务方式，则有可能使名义借贷需求转化为有效借贷需求。从长远来看，为了实现农村正规金融机构可持续发展必须充分考虑和尊重农户的借贷需求。

5.3.3 非正规金融渠道农户借贷行为影响因素的实证分析

多数发展中国家都存在"金融二元性"现象，正规金融机构与非正规金融机构并存。农村非正规金融是相对于正规金融而言的，泛指采用非标准化的金融工具，通过正规金融机构以外的非官方监管的民间渠道，为农户和农村中小企业的生产、经营和消费活动，提供各种资金借贷或资金融通服务的形式及其活动。这种农村非正规金融活动，包括农户之间的民间借贷和其他各种非正规金融组织的融资活动（王曙光，2006）。

正规金融是一种倾向于城市的、制度化和组织化的体系，在正规金融活动中，由于信息不对称，存在逆向选择和道德风险问题，使得信贷市场难以出清；而非正规金融，本身就是非组织化和非制度化的，适应于传统农村固有的经济模式，充分掌握借贷农户信息是农村非正规金融的一个重要特点。在农村金融市场，正规金融服务功能难以有效发挥，农户的信贷需求在一定程度上依赖于非正规金融。非正规金融活动发生于农村社区，基于一定的地缘、血缘、业缘关系而成立，交易活动通常建立在对对方信息充分掌握的基础之上，信息传导快，可以在一定程度上有效避免信息不对称、逆向选择和道德风险问题。温铁军（2001）认为农户和农村中小企业与非正规金融存在着天然的密切关系。农户资金需求规模小、分散化，缺乏足值和易变现的抵押物，农户在求贷无门的情况下，只能求助于非正规金融机构，非正规金融机构借贷手续简单、随借随还、方便灵活、有效控制了信息成本和交易成本，迎合了广大农户的资金需求特点。因此，需要对农户从非正规金融机构借贷的影响因素进行分析。

5.3.3.1 计量结果

根据调查数据，以农户在非正规金融渠道的借贷行为作为被解释变量进行估计，运用 Probit 方法的分析结果见表 5 – 6，而由计算结果得出，分别对被解释变量具有显著性影响的因素见表 5 – 7。

表 5 – 6   影响非正规金融渠道农户借贷行为的因素分析估计结果

解释变量	变量系数及统计值	
C	1. 776805 *	（1. 398990）
Age	0. 020986	（0. 131611）
Education	0. 408223 ***	（3. 193715）
Population	− 0. 140949 *	（− 1. 420918）
Income	− 0. 377317 **	（− 2. 229487）
Income Source	− 0. 344362 **	（− 2. 345248）
Institution	− 0. 027093	（− 0. 087833）
Deposit	− 0. 111025	（− 1. 082634）
Awareness	0. 266572	（0. 946229）
Granted	0. 765874 **	（2. 501014）
Informal	0. 134257 *	（1. 451148）
Land	0. 076517 *	（1. 314571）

注：①圆括弧内的是 z 统计值。

②显著性的标注：＊为 10% 显著性水平，＊＊ 为 5% 显著性水平，＊＊＊ 为 1% 显著性水平。

表 5 – 7   对农户非正规金融渠道借贷行为具有显著性影响的因素

对农户是否具有信贷需求的影响因素	
正向显著因素	农户受教育程度（Education） 是否被信用社评级并授信（Granted） 所在地有无民间有息借贷活动（Informal） 农户耕地面积（Land）

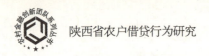

续表

对农户是否具有信贷需求的影响因素	
负向显著因素	家庭人口（Population） 家庭总收入水平（Income） 家庭收入来源（Income Source）

5.3.3.2　计量结果分析

1. 对农户是否从非正规金融渠道得到贷款有正向影响的因素分析：

（1）农户受教育程度（Education）：表明农户家庭成员最高学历越高，获得贷款的概率越高。相对而言受教育程度越高的农户，投资的动机可能越强烈，其家庭的生产经营范围较广，信贷需求较大，同时因家庭收入较高，从非正规金融渠道融资也会比较容易。而农户家庭成员受教育程度不高，则他们关于融资对生产经营重要性的认识程度相应就低，借贷需求意愿不强。家庭成员受教育程度较高的农户比家庭成员受教育程度低的农户更容易从非正规金融机构获得贷款。

（2）是否被信用社评级并授信（Granted）对于农户是否从非正规金融渠道获得贷款具有显著的正向影响，表明信用社的评级结果对农户从非正规金融渠道获得贷款同样重要。农户被信用社评级授信在一定程度上是农户信用等级的体现，大多数被授信的农户都是生产经营稳定、收入比较高的，这些农户从非正规金融渠道借款也会比较容易。农户从非正规金融渠道融资主要是农户间资金互助，农户相互之间对评级结果的掌握也是提供资金互助的辅助标准。

（3）所在地有无民间有息借贷活动（Informal）对于农户是否从非正规金融渠道获得贷款具有正向的显著影响。因为农户当地的有息贷款活动反映出当地非正规金融资源供给程度，当地有息贷款活动越多，当地非正规金融资源供给越大，农户就越可能从非正规金融渠道获得资金。

（4）农户耕地面积（Land）也是影响农户非正规金融渠道借贷需求的一个显著变量，农户耕地面积不仅反映农户的生产经营规模，而且也是衡量农户家庭农业收入的主要因素。农户拥有的耕地面积越大，产生资金需求的可能性和规模就越大，农户向外融资的意愿就越强。耕地面积大的农户，生产规模较大，其农业收入也就较高，扩大生产规模的资金需求就大；相反，耕地面积小的农户对借贷的需求较小。

2. 对农户是否从非正规金融渠道得到贷款有负向影响的因素分析:

(1) 家庭人口(Population) 对于农户是否从非正规金融渠道获得贷款有显著的消极影响。这一统计结果很难从理论上解释通,因为道理上讲,人口比较多的农户其家庭开支比较大,相应借贷需求也就大。可能的原因是非正规渠道借入的资金大多都是应急之需,在生活资金周转困难的情况下借入的,农户人口多的家庭,大多数成员都出外打工,其收入来源广泛,自有资金较为充裕,就无须从非正规金融渠道融资来支付家庭生活开支。

(2) 家庭总收入水平(Income) 对于农户是否从非正规金融渠道获得贷款也具有显著的负向影响。从变量设定来看,回归结果表明农户收入越高,非正规借贷需求意愿越低,说明农户的自有资金充裕,即使农户有借贷意愿,但借贷需求意愿较低,民间借贷的可能性也就相应较低。一般情况下,农户人均纯收入越高,其抵御生活开支的能力就越高,从而会拟制农户对资金的需求,相应的借贷需求可能性就越小,从而对外的借款额也就越小。

(3) 家庭收入来源(Income Source) 对于农户是否从非正规金融渠道获得贷款具有显著的负向影响。非农收入来源越高,借贷需求意愿越低。说明依靠非农收入的农户,自有资金可能更加充裕,农户虽有借贷意愿,借贷需求意愿较低,民间借贷的可能性也就相应较低。

5.4 小结

陕西省样本农户的借贷行为统计数据反映有近一半的农户存在借贷需求,农户有比较强烈的外部资金需求意愿。但是农户从正规金融机构满足资金需求的程度较低,在存在借贷需求的样本中仅有约占1/6的农户在当年从正规金融渠道获得了贷款。在这种情况下,部分农户转向民间金融渠道融资,在全部样本农户中有约占1/2的农户在近三年发生过从非正规金融渠道融资的行为。

通过对影响农户借贷行为的因素进行计量分析发现,所选取的反映农户人口、收入、资产等特征值以及反映农户所在地正规与非正规金融资源可获得程度的一系列因素都对农户借贷行为产生不同方向的显著影响。表5-8统计了农户借贷行为的11个影响因素各自对借贷行为三个方面的影响方向和其显著程度。

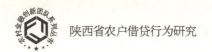

表5-8　　农户借贷行为的影响因素及其影响方向和显著程度

农户借贷行为影响因素（解释变量）	农户借贷行为三个方面（被解释变量）					
	借贷需求（Demand）		正规金融借贷行为（Loan）		非正规金融借贷行为（Credit）	
家庭人口（Population）		不显著	正向	显著	负向	显著
年龄（Age）	负向	显著		不显著		不显著
教育程度（Education）	正向	显著		不显著	正向	显著
收入水平（Income）	负向	显著		不显著	负向	显著
收入来源（Income Source）		不显著		不显著	负向	显著
正规金融资源（Institution）		不显著		不显著		不显著
储蓄水平（Deposit）	负向	显著	负向	显著		不显著
对小额贷款认知程度（Awareness）	正向	显著	正向	显著		不显著
是否被授信（Granted）		不显著	正向	显著	正向	显著
非正规金融活跃程度（Informal）		不显著		不显著	正向	显著
耕地面积（Land）	正向	显著	正向	显著	正向	显著

1. 显著影响农户借贷需求意愿的因素有6个，正向显著因素有家庭常住人口数（Population）、是否知道小额信用贷款（Awareness）、是否被信用社评级并授信（Granted）和农户耕地面积（Land）。负向显著因素是农户家庭储蓄余额（Deposit），说明农户的家庭规模和经营规模以及对信用社产品和服务的认知程度是决定农户是否有借贷意愿的关键因素。家庭储蓄水平情况均反映了农户的财富状况，当农户所拥有的财富越多，其一般生活和生产的资金需求都可以通过自己的储蓄来满足，向外借入资金就会越少。

2. 对于影响农户与正规金融渠道和非正规金融渠道发生借贷关系的因素有着很大的差异，从另一个侧面也说明，正规金融机构与非正规金融机构对于反映农户相关信息的不同信号有着不同的反应灵敏程度。

总体来看，农户向非正规金融部门借贷受更多因素的影响，或者说，非正规金融部门对于农户的相关信息更为灵敏。在以上11个解释变量中，显著影响正式金融部门向农户放贷的因素为5个，而影响非正式金融部门向农户放贷的因素则为7个，这是因为非正式金融部门往往与农户处于同一区域，对于借款人的各种信息较为了解，从而对于农户的各种相关信息有着敏感反应。

是否被授信（Granted）和耕地面积（Land）对农户从正规金融渠道借贷行为和非正规金融渠道借贷行为两个方面产生正向显著影响，说明农户的信用水平对农户是否能从正规金融渠道和非正规金融渠道获得借款同等重要。耕地面积反映了农户的生产经营规模，农户生产经营规模对农户融入资金有正面影响。农户的生产经营规模越大，那么借入资金的数目可能就越大；反之，如果生产经营规模越小，其资金需求规模也越小。

对于正规金融机构而言，由于严重的信息障碍使其无法充分满足农村地区的现实金融需求，而对于居于农村地区内部的非正式金融而言，基于熟人社会中特有的信息收集、甄别等优势，在农村地区常常有着较好的表现，相对较容易实现相关的信贷交易。农户与正式金融部门或非正式金融部门进行信贷交易时存在很大的差异，两者对于反映农户相关信息的不同信号反应不同。与此相对应，在不同的金融部门中，影响农户借贷行为的因素各有不同。从发展农村金融市场、满足农户金融需求的角度考虑，必须由此出发，统筹考虑，具体分析，进行综合求解。

正规金融机构中的农村信用社应该利用自身贴近农户和农村地区的优势，提高农信社与农户彼此之间的了解程度，结合当地农村自然状况、"三农"经济发展水平以及金融业的实际情况，加强产品和服务的创新和宣传，因地制宜地确定金融支持的重点任务，给予不同类型农户差异化的信贷服务，增加对种植、养殖大户的贷款规模，支持各地农村特色优势经济的发展。

6 陕西省千阳县农户借贷行为案例分析

上一章分析反映，非正规金融部门比正规金融部门对农户相关信息反应更为灵敏，说明正规金融部门应提高与农户之间的彼此了解，加强产品和服务的宣传和创新。为了进一步揭示农户借贷需求从正规金融机构得不到满足的原因，本研究对陕西省千阳县农户借贷行为进行了典型调查，发现该县农村信用社的农户贷款覆盖率很高，有效促进了农民增收和改善了农村的生活和生产条件。因此，典型调查选择陕西省千阳县农户为研究对象，可以作为陕西省农户借贷行为代表县（区），研究结果对陕西农户借贷行为可能具有典型意义。通过对农户的收支状况、借贷资金来源方向、资金使用方向的调查，分析影响农户从农信社借贷与亲友借贷的因素，减少影响农户从农村信用社贷款的不利因素，使农村信用社能更好地服务于农民增收和农村经济发展。

6.1 千阳县农户借贷基本状况

2009 年暑假期间实地调查千阳县三个乡镇上百家农户实际借贷情况，记录 170 份调查问卷，经整理得到 159 份有效问卷。调查数据包括农户生产、收入、消费和信贷活动的多个方面。千阳县为典型的农业大县，该县"一村一品"项目发展较好，有典型的奶牛村和桑蚕养殖村，农户有较多的投资项目，具有较大的资金需求，农户的收入和支出水平比较均衡，数据具有一定的代表性、普遍性和统计性。在被调查的农户中大部分都有过借贷行为，特别是亲戚邻居间的临时小额零星资金借贷几乎每户都发生过。为了调查研究具有代表性和实际经济意义的农户借贷行为，重点调查了金额较大的资金借贷，得到 159 份有效的资金借贷调查问卷。

目前，国内对"农户信贷需求满足情况"采用统计分析方法的相关研究结论认为，随着农户对资金需求量的增加，在正规借贷不能满足广大农户需求的情况下，非正规借贷成为农户的主要融资渠道。北京大学中国经济研究中心宏观组（2007）关于农村信用社贷款覆盖率方面的调查显示，

2006 年中从农信社贷过款的家庭占总调查户数的 13.64%。农信社贷款户数占有借款需求户数的覆盖率为 27.74%。黎东升、史清华 (2005) 对湖北监利县 178 户农户调查显示，178 个样本中有 11.80% 表示其家庭有银行贷款的经历，59.55% 回答"没有"，未回答此问题的占 28.65%。农户的信贷资金主要依靠非正规金融部门提供，但是通过对陕西省千阳县农户借贷行为的调查，发现该县农村信用社满足了 60% 以上农户的资金需求。

6.1.1 信用社开展农户贷款的总体情况

千阳县位于陕西省宝鸡市以北的山区，经济发展以传统农业为主，全县面积 960 平方公里，其中耕地面积 30.98 万亩；人口 12.7 万人，农业人口 11.17 万人，占总人口的 87.4%，农业人口占总人口比例很高，奶畜、蚕桑、果品、蔬菜等四大农业主导产业初具规模，小农经济程度较强，对土地的依赖性很强，农户特征与我国大部分地区农户（除部分经济发达的东部沿海农村外）相一致，该县社会经济发展特征具有一定的普遍性，是我国西部经济欠发达地区典型的农业畜牧县。同时，千阳县农村信贷机构均为传统的农村金融组织，截至 2008 年底，该县有农业银行千阳县支行 1 个营业部和 1 个分理处、农村信用合作联社包括 1 个营业部、11 个信用社和 3 个信用分社、邮政储蓄银行包括 1 个一级支行、1 个二级支行和 3 个储蓄专柜等金融机构 3 家，共计 22 个营业网点。从表 6-1 可以看出，农村信用社是该地区面向农民服务的最主要的正规金融机构，基本发放了所有的农户贷款。该县农村信用社自从 2001 年发放农户小额信用贷款以来，小额贷款覆盖面较广，据农信社数据显示全县 80% 以上的农户持身份证、贷款证和个人私章，即可到当地农村信用社当天获得 5 000~5 万元的信用贷款。截至 2009 年 6 月末，贷款余额达到 47 179 万元，较年初上升 16 209 万元，其中，农户贷款余额 23 060 万元，占贷款总额的 48.9%；企业贷款余额 24 119 万元，占贷款总额的 51.1%；农业贷款余额 38 661 万元，占贷款总额的 81.9%。全县信用社共为 24 362 家农户评定了信用等级，发证农户占全县总农户的 82.9%，信用户授信额度达到 3.5 亿元，对资信特别好的个体工商户和种植、养殖专业大户授信额度由开展之初的 3 000~8 000 元扩大到 1 万~5 万元，满足了各种经济层面上农户的资金需求，重点支持了奶畜、蚕桑、果品、蔬菜等主导产业，辐射带动了产业化龙头企业、运输、商贸和旅游等产业的发展。小额信贷的积极推广明显促进了该县农村产业结构的优化调整和龙头支柱产业的发展，加快了农民脱贫致富的步伐。2008年，全县农民人均纯收入达到3 020元，比上年增加19%。

表6-1　　　　千阳县正规金融机构信贷基本状况（2008年）

银行类指标	农行	各级农信社	邮储机构
法人机构数	0	1	0
营业网点数	2	15	5
具备贷款功能的营业网点数	2	15	2
金融机构从业人员数（人）	48	107	24
各项贷款余额（万元）	356	30 970	76
农业贷款余额（万元）	58	9 076	0
农户贷款余额（万元）	2	15 834	76
各项存款余额（万元）	46 950	55 624	24 486
储蓄存款余额（万元）	22 913	38 928	23 665
获得贷款的农户数	16	18 260	131

数据来源：调查数据整理。

6.1.2　农户借贷的基本特征

6.1.2.1　农户收支的现状和特点

本次调查的样本农户收入水平，48%农户的年人均收入在2 500～4 500元（见表6-2），绝大多数农户家庭收入为中等水平。在入户调查中，农户自认为自家生活水平在本村处于上等的占3.8%，中上等占24.5%，中等占48.4%，中下等占15.7%，较差占7.5%，说明人均收入和家庭生活水平之间基本是一致关系。

表6-2　　　　2009年农户家庭人均收入分段统计情况

	2 500元以下	2 500～3 500元	3 500～4 500元	4 500～5 500元	5 500元以上	合计
农户户数（户）	47	45	31	17	19	159
比例（%）	29.6	28.3	19.5	10.7	11.9	100

数据来源：调查数据整理。

家庭收入包括家庭经营收入和工资性收入，家庭经营收入包括农林牧渔业、工业、建筑业、商业服务业等收入；工资性收入包括在本地务工经商和在外地打工经商的收入。样本农户的年平均家庭收入 24 631.23 元，收入的 35% 来自种植业，46% 来自养殖业，19% 来自外出打工收入。从农户的收入结构看出，该县农户的收入来源主要是家庭经营收入，其中养殖业收入和种植业收入占家庭收入的81%，这符合千阳县农业畜牧县的农业产业结构，畜牧业产值占到该县农业总产值的46.7%，很多农户都养殖奶牛和奶山羊，发展桑蚕业。而非农业收入的工资性收入占19%，这主要是近几年该县的中青年男女出外打工所获得的务工收入。

6.1.2.2 农户借贷资金的来源

在 159 份调查问卷中，有 140 笔借款来源于农村信用合作社，87 笔来源于亲戚朋友，没有来源于四大国有商业银行和其他商业银行的借款，因为其他金融机构在农村乡镇一级没有网点，没有发现高利贷借款，农户们也表示没有向高利贷借款的愿望（见表 6 - 3）。调查结果显示来自于正规金融机构（农信社）的借贷数大于来源于民间借贷的借贷数，农户 61.7% 的借贷资金来源于农村信用社，这与已有研究结果不符。以往的研究表明，我国相当一部分农村地区，特别是中西部的农村经济是由小农经济组成的，广大农民普遍保留原始的小农思想，在农业收入不足以维持生计时寻求以非农收入为主的家庭内源融资。如果自我积累仍无法满足，就会寻求外源融资，首先向熟人社会借贷，建立熟人之间的信用关系。但在千阳县农户融资对农信社的依赖性很强，民间借贷占的比例较小，大多数农户在发展生产时都选择农信社融资。大多数农户认为银行或农信社比民间信用好，他们更放心与银行或农信社发生借贷关系，在向农信社申请贷款时，只要在贷款额度范围内，用于生产经营用途的都能获得批准。如此高的贷款满足率一个可能的解释是该地区农村信用社小额贷款业务推广得非常好，农信社的信用户覆盖率在该区域很高（80%），农户贷款面达到50%以上，其原因有：

表 6 – 3   农户借贷资金来源构成

	商业银行	农信社	亲戚朋友	高利贷	合计
贷款笔数（笔）	0	140	87	0	227
比例%	0	61.7	38.3	0	100

数据来源：调查数据整理。

1. 大部分农户的资金需求可以从信用合作社得到满足。据农户介绍，从信用社借款基本不需要担保，比较方便，信用社会根据他们的家庭情况、收入状况进行相应的信用评级，发放信用证，不同的等级有相应的贷款限额和对应的利率，当需要贷款时只需要拿贷款证去信用社申请即可。千阳县农村信用社依据资产和信用程度把农户信用分为优秀、较好和一般三个系列，七个信用等级。在等级划分上根据千阳县情，因地制宜，把信用等级一般户分为三个级别，分别授予 5 000 元、8 000 元和 1 万元的信用贷款授信额度；较好户一个级别，授信额度 2 万元；优秀户三个级别，分别授予 3 万元、4 万元和 5 万元的信用、担保贷款额度。对个体工商贩运及种养专业信用户授信 4 万元和 5 万元信用、担保贷款额度，有力地支持和满足了已经富起来的农户和城镇个体工商户进一步发展生产、扩大经营规模的资金需求，有力支持了该县特色农业和支柱产业的发展。

2. 农户的还款记录良好。最近几年，随着千阳县农村经济的长足发展，农户手中积累了一定的自有资金，具备了一定的自我发展能力，资金需求也逐年增多，这对提高农户信用意识起了促进作用，所谓"借债还钱，再借不难"。再者，千阳县农村居民具有一定的诚信意识，民风淳朴，讲诚信，农村信用社贷款数额逐年增多，农户信用程度逐年增加，这是一种互推互进、相辅相成的关系，共同推动农村正式金融的发展，这种正式金融安排也越来越被农民所认可。

3. 千阳县农村信用社为农户贷款服务的意识很强。每个村都有 3 名农村信用社的驻村信贷员，负责处理农户日常贷款问题，信贷员非常了解掌握农户的贷款需求。现在该县农信社面临的问题不是不给农户贷款，而是农户不来贷款的问题，因为农户从信用社贷款解决了必需的生活和生产问题后，没有好的投资渠道，农户暂时是不需要借款的。如果农户的资金需求可以从农村信用社得到满足，就无须寻求其他途径了。

6.1.2.3　农户借贷资金的使用

把农户借贷资金的使用分为生产性借贷、生活性借贷和其他性质的借贷。生产性借贷可分为农业生产借贷和非农业生产借贷。农业生产借贷指用于农作物农资投入、养殖业投入、购买农用机械设备等领域的借款，非农业生产借贷指投向经商、运输、农村建筑等领域的借款。农户的生活性借贷主要是用于各种生活消费的借款，包括子女教育、建房、婚丧嫁娶、看病就医以及人情支出等借款。该县贷款户的贷款使用情况见表6-4。

表6-4　　　　　　　　　　　　　农户资金使用构成

	生产性借贷			生活性借贷					其他性质	合计
贷款笔数（笔）	80			139					8	227
比例（%）	35.3			61.2					3.5	100
	农作物投入	养殖业投入	购买农机	经商	子女教育	建房	婚丧嫁娶	看病就医		
贷款笔数（笔）	28	28	11	13	27	71	29	12	8	227
比例（%）	12.3	12.3	4.8	5.7	11.9	31.3	12.8	5.3	3.6	100

数据来源：调查数据整理。

2009年，被调查农户的生产性借贷占总体的35.3%；生活性借贷占总体的61.2%。随着经济水平提高，农户借贷资金的生产性明显增强，但目前生活性借贷仍占主体，大部分的借款资金投向了生活性的消费。生活性借款主要投向子女教育、建房、看病就医、婚丧嫁娶等方面，其中子女教育、建房和婚丧嫁娶发生的借贷分别为27笔、71笔和29笔，占借款总笔数的11.9%、31.3%和12.8%。造成这三方面借贷频繁发生的原因，一方面是农户受农村传统习俗的影响，对于建房和婚丧嫁娶的资金需求具有刚性；另一方面由于教育市场化改革与发展，教育费用持续攀升，同时农民日渐重视对后代的教育投入，主要是非义务教育支出，其中以高等教育负担最重。而农户的资金积累能力有限，面对较高的子女教育费用，农户不得不依靠举债来满足。

农业生产借贷中农作物农资投入、养殖业投入和购买农用机械设备发生的借贷分别为28笔、28笔和11笔，分别占借款总笔数的12.3%、12.3%和4.8%。农作物农资投入的占比说明该县农村产业发展处于较低水平，仍有一定比例的依靠传统农业的普通农户需要借贷资金购买种子、化肥、农药、种畜等市场资料，以维持简单再生产的需要。农户借贷资金的生产性明显增强，用于养殖业和购买农用机械设备，该县在养殖奶牛和桑蚕时，几乎都借用了贷款，可以看出，该县农户的资金需求，已经不仅仅表现为传统意义上的农业生产需求，还带有在此需求基础上的升级成分，对于借贷资金需求的产生更加频繁、借贷资金需求额度普遍增大。至于非农业生产主要包括工商建运和服务业等，该县农户在这个方面的直接投入是很少的，只占借款总笔数的3.6%。

6.2 农信社借贷与亲友借贷对比分析

通过对比分析农信社和亲友两个主要借款对象的借贷结构，可以发现农户从农信社借贷与亲友借贷在借款金额、借款期限和借款利息方面存在很大的差异，农户通过比较从农信社和亲友借贷成本的高低，来选择最终实际的借贷方式。

1. 借款金额分析

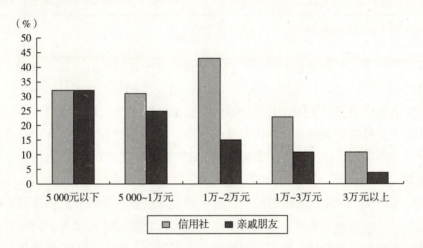

数据来源：调查数据整理。

图 6 - 1　借款金额比较分析

从图6-1可以看到，来源于农村信用社的借款金额较大，农信社的整体借贷金额水平高于亲友借贷，30.7%的农信社贷款金额集中在1万~3万元，而农户借款来自于亲戚朋友的36.8%是5 000元以下的小额借款。同时农信社的借款笔数随借款金额水平上升明显高于来自于亲友的借款笔数，来自于亲友的借款笔数随着借款金额的增加呈现阶梯递减的现象，这反映出较大借贷金额来自于农信社，农村信用社的借款金额具有中部突出的分布现象，大部分集中位于 1 万 ~ 2 万元这个档次，在 1 万 ~ 2 万元、2 万 ~ 3 万元、3 万元以上的阶段分布中，来自于农信社的借款分布比例明显大于来自于亲友的分布比例，说明农户在大额借款时，亲友借贷这一途径在满足程度上可能有限，所以才偏好于农村信用社。

2. 借款期限分析

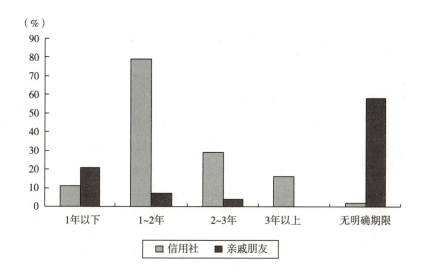

数据来源：调查数据整理。

图 6 - 2　借款期限比较分析

图 6 - 2 中来源于农信社的借款期限具有一定的规律分布，期限在 1 年以内的借款笔数少于从亲戚朋友处的借款，有一半以上的借款集中在 1 ~ 2 年的区间内，同时有 21.2% 的借款是 2 ~ 3 年期的，期限在 3 年以上的借贷为 11.7%，说明农信社发放的长期借款也不多。来源于亲友的借款期限没有规律分布，占 64.5% 的借款没有明确的借款期限，亲友借贷本身的不规范，有期限记录的借款期限主要以 1 年以下的短期借款为主，说明来自亲友的借款大多是短期借款和没有明确约定还款期限，而农信社的借款为 1 ~ 3 年有明确还款日期的中期借款。

3. 借款利率分析

从表 6 - 5 可以看出，来源于亲友的借款全部为无息借款，但存在少部分以送礼品和无偿帮工还人情债的"隐性利息"，没有超高利率存在。来源于农信社的借款中99%为有息借款，利率分布较为有规律，整体利率水平较高，农户的借款成本高。

表6－5　　　　　　　　　　　借款利率比较表

		无利息	7.2%以下	7.2%~8.4%	9.6%~10.8%	10.8%以上	合计
农信社	贷款笔数	1	28	43	54	14 140	
	比例（%）	0.7	20	30.7	38.6	10	100
亲戚朋友	贷款笔数	87	0	0	0	0	87
	比例（%）	100	0	0	0	0	100

注：利息是年息。

数据来源：调查数据整理。

通过对比发现，农户从亲友借贷的金额水平低于农信社，但亲友借贷的期限相对灵活，优于农信社。整体而言，亲友借贷成本虽然低于农信社，但农户实际在选择从亲友借款和农信社借款时，有61.7%的农户选择了农信社，主要原因是亲友借款不确定性较大，面子成本高，提供的资金数额有限，期限较短，满足不了对大笔资金的需求。

6.3　影响农户从信用社贷款的因素分析

6.3.1　农户从信用社贷款情况的统计分析

根据调查，2000年以来，农民从信用社贷款共159户，其中，贷款一笔的68户，贷款2笔的52户，3笔及3笔以上的36户。从这些数据可以看出，最近这些年，农村经济有了一定的发展，农户也有了一定的自我资金积累。同时，农村的资金需求并不旺盛，农村金融市场还有待于进一步地开发。

表6－6　　　　　　影响农户贷款因素分析　　　　　单位：户数,%

信用社贷款限制条件	比较清楚	40	25.2	贷款成功的原因	家庭经济情况好	73	49.3
	有所了解	67	42.1				
	不清楚	52	32.7		与信贷员熟悉	16	10.8
政府支持	有	74	46.5		得到乡里支持	15	10.1
	没有	85	53.5		其他	44	29.7

续表

向正规金融机构借款是否方便	很方便，融资数额满足要求	45	28.3	贷款失败的原因	没有人际关系	1	
	很方便，但数额不大	53	33.3		程序太复杂	6	
	一般	40	25.2		缺乏贷款担保	4	
	不方便，主要向私人借	21	13.2		别的渠道借钱成本更小	5	
	没有任何筹资渠道	0	0		其他	0	
利率	能接受目前利率	90	56.6	高利贷	没有	159	
	不能接受目前利率	69	43.4		有	0	

数据来源：调查数据整理。

从表6-6的分析看：农户对于农村信用社贷款业务有所了解，但参与其中的并不多。对159户农户的调查中对信用社的贷款限制条件比较清楚的仅40户，占25.2%，对信用社贷款条件不了解也造成了农户从信用社贷款的失败，或者根本不会考虑去信用社贷款。

政府对农户贷款支持力度不够。政府在农户的贷款方面缺乏产业指导和资金优惠支持，也是农户无法取得贷款的一个重要原因。在贷款成功的农户中，53.5%的农户是没有得到当地政府支持的，46.5%的农户得到政府支持。如果农户发展奶牛或桑蚕养殖业等政府鼓励的种植项目，农信社在贷款审批时会有优先考虑的倾向。贷款成功的农户中有49.3%的认为主要原因是家庭经济条件较好，有一定的社会关系；而贷款不成功的农户认为无人际关系的仅1人；程序复杂导致借款不成功的6人，缺乏担保的4人，选择私人借款的5人。调查中我们发现，贷款不成功的主要是家庭条件在当地比较贫困的低收入农户家庭，农信社放款注重农户的经济基础，收入高的农户相比低收入农户更容易获得贷款资助。低收入农户的信贷需求主要用于扩大再生产和用于生活开支，他们从信用社获得资金要有信用保障，而信用评级在很大程度上又与家庭财富相联系。在农村，除了少数贫困农户家庭可以得到信贷员或是信用评定小组的认可，大部分低收入农户的信用记录少，信用评级也不高，低收入农户基本与信用社没有多少业务往来，非农业收入几乎没有，其还款能力有限，至少短期不会有较大的改善，这也限制了信用社向他们提供贷款，说明千阳县农村信用社在发放贷款过程中，操作规范，决定贷款发放的非正常因素很少。

农村信用社对农户的贷款满足程度较低。调查中发现感觉贷款方便且能满足其需求的只有45户，28.3%的农户完全满意贷款发放，认为农村信用社的贷款从时间、期限、程序上都可以满足他们对资金的需求，但71.7%的农户对从信用社贷款感到不满意，尤其是对贷款数额的限制，农户期望从农村信用社得到的贷款额度远远超过得到的授信额度，致使一部分有潜在资金需求的农户转而向私人借贷，这也是造成贷款需求不旺的原因之一。43.4%的农户认为他们不能接受信用社的贷款利率，利率成为阻碍他们贷款的障碍，农户在贷款时会去考虑利率问题考虑自己的还款压力，权衡以后，部分人转向了私人亲戚朋友的借款，因为这种借款是没有利息的，会降低其还款压力。虽然，国家一再调整农信社的贷款利息率，但与亲友借款的零利率相比，农信社显然不具有竞争力，当然这是在亲友借贷可行的前提下才成立的。在调查中部分农户向我们透露，他们有时选择向信用社贷款是迫不得已，当向亲戚朋友借贷不方便或者由于以前的借款还没有还，难以开口时，才会去考虑向需要支付利息的信用社借款。也就是说，当农户真正发生金融需求时，选择解决途径时过多地还是依赖于亲友借贷。

农户无向高利贷借款意向。被调查农户对高利贷并不是很熟悉，在问及他们有没有考虑过在迫不得已的情况下是否会向高利贷借款，他们的答案基本一致，不会，原因在于自己没有能力去偿还高额的利息。可见，利率是影响农户借款的一个十分重要的因素。

6.3.2 影响农户从信用社贷款的不利因素

1. 贷款利率偏高。调查发现，大部分农户认为农村信用合作社的借款利息比较高，借贷成本高。利息9.6%~10.8%占38.6%，10.8%及以上占10%，利息在9.6%以上的借款接近农户贷款笔数的一半，即超过一半的借款利息成本较高。虽然在调查中一半以上的被调查者表示可以接受当前农信社的贷款利率，但是他们总体都反映利率有些偏高，贷款成本大。因此，在金额需求不是很大时，农户就会采取民间借贷的方式而向亲戚朋友借款，这些借款既没有利率也没有明确还款日期，相比农信社贷款程序的复杂也显得方便快捷，而这样却会导致一部分资金外流，不利于农村信用社推进农村经济发展。

2. 借贷程序较为复杂，需要办理贷款证和找担保人做担保。农户到农村信用合作社贷款原则上需要贷款证和信用担保人，但是在实际贷款过程中，几乎每户农户都需要贷款证才能办理贷款。在调查的三个乡镇中，有两个乡镇的农户都办理贷款证，另一个乡镇的农户只有六七成的农户办到了贷款证。拥有贷款证的农户还需要找经济条件较好的担保人作为担保，同时也要考察农户自身的经济状况。此外，各种各样的门槛，比如在信用社没有可靠的关系依然是阻碍农户获得贷款的一个重要因素，如果非正常门槛所占比重较高的话，说明在当地农户的观念中，获得贷款整个过程较为复杂。

3. 农村信用社授信额度有限，不能满足部分农户的需求。农户从亲友借贷资金面临诸多问题，由于农村经济水平较为落后，农民自己积累不足，存在农村内部整体资金供给不足，具体到每个农户，由于农户亲友能够提供的资金有限，并且可以为农户提供资金的亲友关系，本身较为单一和不稳定，导致以亲友为主的民间借贷为农户提供的资金支持后劲不足，不能解决大部分农户的资金困难问题。那么在亲友不能解决农户借贷需求时，农户就会去信用社借款，但农户从农村信用合作社借到的款项都不大，整体水平较低，贷款金额在 2 万元以上的比例只占总数的 21.6%，如果有些农户的借款金额较大，就不能得到满足。同时，也因为借款利息较高，农户除特殊需要外，借款期限都不会太长，借款期限 2 年及以上只占20.9%，这也从成本方面限制了农户的借款期限。

从千阳县的调查说明，农村信用社作为该地区满足农户借贷需求唯一的正规金融机构，由于信用社在提供金融服务和金融产品时，不能完全符合农户的要求，与农户多样化的资金需求存在一定差距，影响了农户潜在的信贷需求，使农户面临一定的融资约束。从国外农村金融市场发展的经验来看，无论是发达国家，还是发展中国家或地区，各国均不同程度地将农村合作金融的发展作为重中之重，在推行合作金融过程中，政府的支持和有效监管是必不可少的。所以，完全依靠信用社自身不能解决农户融资难的问题，需要从农村信用社和政府两方面合力做工作。农信社应进一步加强自身改革，提高经营管理和服务水平，不断提高小额贷款的普及率和

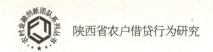

贷款额度，给农户提供更新、更快、更细的贷款服务，而政府尤其是地方政府要在宏观层面上给予农户发展第二产业、第三产业的优惠政策支持和产业指导。

6.4　千阳县农村信用社贷款经验

在千阳农村走访期间，无时不感受到当地农户对信用社信贷员（农户心中的国家工作人员）的尊重和信任，可以说农户"已对农村信用社形成了精神上的依赖和强烈的归属感"，需要资金时首先去找本村信贷员商量。千阳县信用社某种意义上就是当地的社区银行。

1. 构建了较为完善的信用评级体系

千阳县农村信用社针对普遍存在的农民"贷款难"问题，一是立足实际，面向农村，以小额信贷发放为契机，积极推广农户信用等级评定，发放农户小额信用贷款，支持农村经济发展。农户小额贷款实行"自报公议制"，每个村设有农户小额贷款资信评定领导小组，信贷员入户对农户个人财产状况进行估价，听取村评定领导小组的建议，最终决定农户的信用等级和放贷额度，初步建立农户档案，且每年根据与信用社的存贷关系往来进行农户资信等级调整，不断延伸贷款对象、额度和期限，实现农户小额信用贷款因需发放、动态管理和可持续发展，满足生产需要。二是创新放贷方式。在办理小额信贷程序上实行"一次核定，随用随贷，余额控制，周转使用"的办法，提高贷款灵活性，满足群众临时急需。对超过信用额度的贷款和信用度较差的农户，按照"多户联保、按期存款、分期还款"的要求，坚持"农户自愿组合，信守联保协议"的原则，实行农户联保贷款，在很大程度上满足了农户的贷款需求。三是在评定信用户的基础上，引导乡村组织，开展信用村、镇的创建，并严格量化考核，在县域农村金融生态链中培育守信农户、信用村、信用镇的良性社会诚信链。农信社对信用村镇实行信贷安排优先、贷款发放优先、金额满足优先和利率优惠，有效激发了农户和村干部争当信用户和信用村的积极性，树立了信贷品牌示范效应，降低信贷风险，促进整体金融生态环境的提升。

2. 信用社覆盖面广，形成和谐的"社农关系"

千阳县农村信用社遍布城乡的众多网点和信贷员制度，贴近农户生活，服务农户，已成为当地农户经济生活的一部分。从2002年开始，千阳县开展小额农贷及信用村创建活动，信用社包片信贷员通过查农户资产状况、认人、认门、认投资方向和建立农户资信档案，坚持向农户提供信贷政策咨询服务，推介产业致富门路，帮助农民合理理财，上门开展信贷服务，给农户提供方便的金融服务，密切社农关系，引导农民依靠科技发家致富。同时，切实加强了对信贷人员的考核管理，要求信贷人员必须认真做好贷款的贷前调查，熟悉本乡本村的重点产业和项目，了解市场行情，做农户致富的贴心人、引路人。实行定期回访和民主评议制度，及时受理群众对信贷人员的投诉。"包村包片包户"信贷员制度，用优质的服务取信于民、方便于民、服务于民，取得了良好的经济效益和社会效益，当地农户对信用社的评价甚高，对信用社贷款依赖程度高。

3. 信贷供给与本地农业支柱产业结合，释放农户潜在借贷需求

小额信贷本身具有敏锐的市场导向，千阳县信用社围绕当地重点扶持的主导产业，大力支持特色农业、优势产业发展，针对急需农户和产业，加大信贷投入，促进农业发展和农民增收。借款农户在政府引导、市场的调节作用下，将重心放到主导和特色产业上，收入提高了，有了和信用社打交道的资本，农户的投资意愿相应提高，潜在借贷需求变成有效需求，农户借贷和产业发展形成良性互动，对当地经济发展起到推动作用。

6.5 小结

通过对陕西省千阳县农户借贷行为进行的典型调查，发现该地区农村信用社小额贷款业务推广得非常好，农信社的信用户覆盖率在该区域很高（80%），农户贷款面达到50%以上，满足了60%以上农户的资金需求，可以作为农户借贷行为研究较好的样本予以实证分析。

从实际情况看，绝大多数农户家庭收入为中等水平。从农户的收入结构看出，该县农户的收入来源主要是家庭经营收入，农户61.7%的借贷资金来源于农村信用社，没有来源于四大国有商业银行和其他商业银行的借款，农户借贷资金的生产性明显增强，但目前生活性借贷仍占主体。

农信社的整体借贷金额水平高于亲友借贷，农信社的借款期限具有一定的规律分布，期限在一年以内的借款笔数少于从亲戚朋友的借款，有一半以上的借款集中在1~2年。来源于亲友的借款期限没有规律分布，期限较短，资金数额有限，但亲友借贷的期限相对灵活，优于农信社。

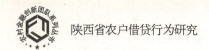

对信用社贷款条件不了解造成了农户从信用社贷款的失败，或者根本不会考虑去信用社贷款。影响农户从信用社贷款的不利因素有贷款利率偏高，借贷程序较为复杂，需要办理贷款证和找担保人，农村信用社授信额度有限，不能满足所有农户的需求。从农户借贷较好样本看，农村信用社是农户借贷的主要来源，应进一步挖掘农村信用社的支农潜力。

7 陕西省农户借贷供求失衡分析

以上章节分析发现：陕西省多数农户有借款意愿，但由于信息不对称和农户融资市场失灵，大多数农户没有向正规金融机构提出申请贷款，农户的一些自身基本特征是影响农户借贷行为选择的重要因素。同时，金融机构因为自身制度安排也无法满足农户生产生活中多样化的融资需求。这说明陕西省农户借贷供需双方（借款人—农户与贷款人—农村金融机构）结构不匹配，需要从金融市场角度研究农户借贷的供给和需求，找出供给失衡的原因，以期从农户自身内在性和金融机构外在性两个方面着手，以农户借贷需求为导向，实现农户借贷供求均衡，为提出促进农户借贷行为合理化建议找出理论依据。

7.1 陕西省农户借贷供求现状

7.1.1 农户多元化的信贷需求

农户借贷对帮助农民脱贫致富和促进社会公平和稳定有着重要意义。在陕西农村地区，传统农业中的农村金融更多地表现为农户金融，农户以家庭为生产和生活的基本单位，生产规模普遍较小。不同农户收入水平高低不同，收支结构也不同，其金融需求都是为了满足家庭消费性支出或发展农业经济，农户各自不同的生产经营能力决定其获得贷款的能力也存在差别，致使一部分农户的资金需求获得满足，而另一部分未能得到满足，且随着农村经济的发展，农户借贷需求也呈现出新的特点。

7.1.1.1 农户有较强的借款需求

调查显示陕西省农户借贷需求较为普遍，农户中存在着数量和金额巨大的潜在信贷需求。农户在生产生活及其他活动过程中需要借款时，42.58%的农户需要从银行、信用社或其他私人渠道借款，57.42%的农户不需要借款，有借贷需求的农户占比接近1/2，说明有近一半样本农户在生产生活中有借款需求，农户的贷款需求是普遍存在的。

当农户扩大种植、养殖业规模需要借贷资金时，26.49%的农户首选农村信用社，23.27%的总样本农户选择依靠亲戚朋友，22.08%的农户则选择依靠自我积累，有15.27%的样本农户愿意选择从其他正规金融机构包括国有商业银行、邮政储蓄银行等获得信贷资金。数据表明被调查农户的生产生活中的贷款需求是普遍存在的，绝大多数农户需要借助外部资金的支持，这个结果和诸多文献的研究一致。在有借款需求的农户中，八成农户没有获得过正规金融机构贷款，主要原因是农户出于借款成本顾虑未向正规金融机构提出过申请（潜在贷款需求没有转化为实际贷款需求），农户对大额中长期贷款需求强烈，农户期望的贷款额度远远超过实际得到的授信额度。此外，随着期望授信额度的增加，未满足额度需求的农户所占比率呈递增趋势。这表明金融供给主体设定的授信额度与农户实际需求之间存在较大的差距，农户被授信额度明显偏低，授信额度很难满足农户的贷款需要，说明存在着比较严重的信贷配给现象。

7.1.1.2　农户金融需求具有多层次和多样化的特点

随着农村产业结构的升级，农户生产规模的扩大，农村经济发展涉及多领域、多层次、多样化的金融需求，既有农户小额信贷需求，也有龙头企业的大额资金需求；既有传统的存贷款服务需求，也有银行卡等支付结算和理财等新型金融产品需求。（1）多层次性。根据农户金融需求特征，农户可分为贫困型农户、维持型农户和富裕型农户，这些类型农户在某些方面的金融需求（如存款、贷款结算）虽然是同质的，但其金融需求的形式特征和满足的手段是不一致的，金融需求表现出层次性的特点。调研发现，农户的金融需求尽管还是以传统存、贷款需求为主，随着农户富裕程度的不断提高，保险、投融资等其他金融产品需求也在逐渐增加，一些富裕农民希望通过当地金融机构购买证券、股票和保险等。（2）多样性。在对富余资金出路的选择方式上，有46.11%的农户选择了以存放在正规金融机构以外的方式来处理闲置资金，其中，选择买保险的比例最高，其次为放在家中占11.76%；亲朋好友之间的借贷占11.14%；有1.68%的农村居民选择购买债券、股票，农户对电子银行、网上银行服务、电话银行服务等新的金融产品的需求趋势明显，农户认为这些新的金融产品比传统金融产品更方便快捷，能更好地为自己的生产生活服务。这说明农户开始重视和关注家庭金融性资产的保值和增值，农户的金融理财需求呈现多样化特点。

7.1.1.3　资金需求主体多元化

随着现代农业建设和传统农业改造成为农村经济发展的主要内容，陕西省农户借贷行为出现新的变化趋势。在经济发展比较好的县区，农户借贷的生产性投资比重正在增加，传统的消费性借贷比重在减少，农户经营规模进一步扩大，农业分工协作进一步深化，农业中资本和技术的集约化进程会加快推进，农村经济发展引起的农户借贷需求会不断调整和扩展，一些非正式民间金融形式，其生产性和投资性的色彩也在增加。农户对传统种植业收入的预期下降，养殖业、运输业以及其他非农生产和农村商业活动成为农户借贷需求增加的源泉。在需求主体上，农户分化的进一步加剧，陕西省农村借贷需求的主体主要不是个体农户，而是专业农户，如粮食种植户、蔬菜种植户、养殖户等。借款购买化肥农药、种子和农机具的贷款已逐步减少，种养业专业户的贷款需求量远远高于一般农业户对信贷资金的需求。在需求结构上，由传统单纯的存款和借款需求，逐步向银行中间业务、农业保险、直接融资等方面的多样化需求方向发展；在需求数量上，由过去小额资金需求向相对大额资金需求规模发展，从而对农村金融制度的变革提出新的要求。在需求主体上，由农村经济发展低水平时的单个农户需求转向农村经济发展高水平时的组织化需求。农户亲友间不计利息的借贷逐步减少，计息的借贷方式开始增加。农户借贷需求很有可能向一种商业性更强的金融体系变迁，发展变化趋势要求农村金融体系具有多元的金融组织和多样化的金融服务手段，而不是单一的金融供给模式。

7.1.2　相对单一的金融供给

面对农户金融需求呈现的多元化特点，陕西省农村金融供给现状如何？自1996年以来，陕西省农村金融形成了具有政策性功能、商业性功能和合作性功能的正式金融体系，分别以农业发展银行、农业银行和农村信用社三类金融机构为代表。在实际运行中，陕西省农村金融体系因缺少层次性和矛盾冲突多，造成功能和作用发挥出现偏离，导致正式金融机构在农村金融市场上供给不到位。

7.1.2.1　金融服务能力不足

面对农户日趋多样化的金融服务需求，农村地区特别是欠发达地区农村金融体系的金融服务能力不足。国家商业银行大批从农村地区撤离或者减少分支机构，政策性银行机构针对农户融资的有限性，合作金融的商业化趋势导致投向农业的生产性融资呈下降趋势，难以满足农户的多样化资金需求，农村信用社虽然"一家独大"，其资金实力有限制约了其服务"三农"的能力。2008 年末，陕西省农村地区银行业金融机构网点共有 3 435 个，占全省机构网点总量的 55%，平均每个乡镇分布银行业金融机构网点 4.49 个，低于全国平均水平（6.56 个/乡镇）；还有 152 个乡镇无任何金融机构，占全省乡镇总数的 10.56%，涉及 20 多万户近百万农村人口，这些地区的农户缺乏基本的金融服务，处于金融服务空白地带。银行业金融机构的贷款支持农户数为 3 280 224 户，占农户总数的 49%。2010 年末，陕西省农村地区银行业金融机构网点共有 3 471 个，占全省机构网点总量的 55%，平均每个乡镇分布 4.61 个银行业金融机构网点，低于全国平均水平（6.56 个/乡镇），每 4.26 个行政村才分布 1 个，县及县以下平均每万人拥有银行金融机构网点 1.36 个，拥有银行金融服务人员 12.78 个，银行金融机构的贷款支持农户数为 3 054 050 户，占农户总数的 42%①。

1. 农村商业性金融供给

在陕西省大多数农村地区，农户能接触到的商业性金融机构主要是中国农业银行、邮政储蓄银行、地方性农村商业银行、村镇银行和小额贷款公司。

中国农业银行陕西省分行成立于 1979 年，是全省唯一一家网点、网络遍及城乡的大型商业银行，拥有覆盖面最广的分支机构。截至 2010 年末，共有对外营业网点 670 个，约占全省四大国有商业银行营业网点总数的 37.24%，各项存款余额 2 099.73 亿元，各项贷款余额 750.81 亿元，其中，农户贷款余额为 17.46 亿元，占总贷款余额的 2.33%，获得贷款的农户数为 39 867 个。中国农业银行的商业化经营性质和出于提高经营效益和防范风险的考虑，已经撤离大部分农村地区的机构网点，上收贷款权限，农业贷款占贷款总额比重一直呈迅速下降趋势，贷款偏向优质客户、大客户，逐渐远离农村中小客户，农村金融业务逐渐萎缩。商业银行基本服务对象天然倾向于大客户，而不是小规模生产的农户，当其面对大量分散的

---

① 实证分析的陕西省数据皆来源于《中国银行业农村金融服务分布图集》。

农户时，获取信息的成本很高，难以对如此众多而分散的农户群体进行信用评估和甄别工作，因此贷款的风险和不确定性增大。而且，在农村地区设置网点的成本与有限的预期收益和较小的客户容量相比底价太高，不符合成本收益合算的基本原则。所以，陕西农业银行网点从农村撤出或者减少分支机构是无可厚非的。但是，农业银行网点从农村撤出并不是全部业务撤出，在县和县级以下仍然经营的分支机构主要为吸收低成本的优质存款，并将吸收的农村低成本资金更多地投向资金回报率高的非农产业领域和城镇地区，造成农村金融需求难以满足和农村资金流出的消极后果。表7-1反映陕西农业银行农业贷款占贷款总额之比从2006年的26.75%下降为2010年的2.46%。从图7-1可以看出，农业银行的储蓄存款余额急剧增加，但农业贷款余额和农户贷款余额在五年时间内分别下降到1/10和1/2，说明陕西农业银行不仅没有有效满足农村经济主体的金融需求，反而引发了资金由农村流向城市的"虹吸效应"。

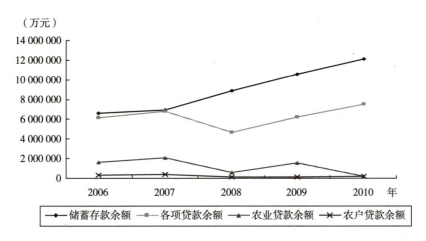

（万元）

图7-1　陕西农业银行农业贷款余额

表7-1	农业贷款占贷款总额之比				单位:%
	2006 年	2007 年	2008 年	2009 年	2010 年
五家商业银行	7.92	9.47	2.32	4.48	7.53
中国农业银行	26.75	30.39	12.21	25.26	2.46
政策性银行	13.50	32.46	29.80	27.25	22.00
农业发展银行	47.70	100	100	100	100

续表

	2006 年	2007 年	2008 年	2009 年	2010 年
股份制商业银行	0.37	0.19	0	0.09	3.18
城市商业银行及城市信用社	0.79	0.72	0.01	0.84	1.03
各级农村信用社	55.90	60.23	42.04	63.71	65.22
农村合作银行	82.99	74.03	74.20	87.21	85.27
农村商业银行	0	0	0	87.29	91.86
邮政储蓄机构	13.30	100	40.80	27.08	36.66
新型农村机构	0	0	15.79	49.46	57.83
村镇银行	0	0	15.79	49.46	57.83
贷款公司	0	0	0	0	0
农村资金互助社	0	0	0	0	0

2006 年前邮政储蓄不负责发放贷款，资金全部转存中国人民银行，使得大量资金直接流出了农村。目前，邮政储蓄银行在全国范围内开展了小额质押贷款和农户联保贷款，然而仅从邮储银行办理存储和信贷业务网点数量的差异就可从侧面反映出邮储银行储蓄资金回流农村的情况。数据表明 2010 年末，邮储银行的农村储汇网点共 36 537 处，然而办理小额质押贷款业务的网点全国范围内（包括城市与农村地区）仅开通了 12 769 处，各项存款余额 31 284 亿元，而农户贷款余额为 690 亿元，获得贷款的农户数 170.05 万户。陕西省邮政储蓄机构营业网点数 1 197 个，有贷款功能营业网点数 872 个，各项存款余额 1 055.33 亿元，各项贷款余额 9 843.17 亿元，农户贷款余额 15.33 亿元，陕西省村农户总数 710.66 万户，获得贷款的农户数 43 211 户，农户贷款量和获得贷款的农户数所占比重都很少。从表 7 - 1 看，陕西省邮政储蓄机构 2010 年底农业贷款占贷款总额之比为 36.66%，仅有 172 381 万元，主要以小企业为客户，但也涉及少量农户小额贷款业务。

陕西省农村商业性金融的其他组成部分是地方性农村商业银行、村镇银行和小额贷款公司。农村商业银行是把经济发达地区的农村信用社改组成股份制农村商业银行，从 2009 年开始为农村经济提高资金支持，截至 2010 年末，陕西省共有农村商业银行营业网点 36 个。村镇银行是我国新一轮农村金融体系改革过程中的新兴产物，从 2009 年开始为农民、农业和农村经济发展提供金融服务，2010 年全省共有 9 家村镇银行。村镇银行由于规模小，业务范围限定在注册所在乡镇，网点主要集中在县城，业务半径较小。从村镇银行业务发展的区域特征来看，村镇银行主要满足的是县域农户或微小企业的短期资金需求，在解决经济落后地区的金融服务网点不足和弥补农村金融服务空白方面作用有限，对当地农村经济发展作用有限。调查显示：大多数农民认为村镇银行信誉不高，不愿意把钱存入村镇银行；小部分农民认同村镇银行是农民自己的银行，愿意将钱存入；还有极少数农民将钱存入村镇银行的目的是希望获得村镇银行的优惠贷款。村镇银行贷款审批手续简单，贷款额度、期限、还款方式及利率等方面为农户量身定做，最快 2 个小时便能拿到贷款，无须抵押担保，这种方便快捷的贷款服务适应了农村金融市场资金需求时间紧和灵活性高的特点，推动了农民增收，促进了农业增效和农村发展，有利于提升农村金融市场的竞争水平（王敏，2011）。

2. 农村政策性金融供给

农业是个比较利益低和投资风险大的弱产业，受自然条件制约明显，自身资金积累慢，容易发生流失，需要政府的支持和保护。政策性银行是国家调控经济的重要手段，兼有财政和银行的双重职能，政策性银行在农村金融供给中的作用至关重要。中国农业发展银行是我国唯一的农业政策性银行。中国农业发展银行陕西省分行成立于 1995 年 3 月，主要职责是按照国家的法律、法规和方针、政策，以国家信用为基础，筹集资金，承担国家规定的农业政策性金融业务，代理财政支农资金的拨付，为农业和农村经济发展服务，组织机构遍布全省，所辖 10 个市（区）分行、1 个省行营业部、67 个县支行。农业发展银行主要从事农业政策性金融业务，是为确保国家粮食安全和其他农产品供应安全，维护农产品市场价格稳定等服务的，极少涉及农户贷款，每年仅在粮食收购阶段向农户发放少量贷款。农业发展银行从某种程度上缓解了农村生产性长期资金的不足，但其对满足农户信贷需求效果甚微，主要原因是农村发展银行的主要目标对象并不是农户，单个农户很难或根本不可能通过农业发展银行获得生产性资金。从表 7 - 2 和表 7 - 3 可以看出，2006—2010 年中国农业发展银行陕西省分行未对农户提供任何形式的贷款。

3. 农村合作性金融供给

目前，陕西省的合作性金融组织主要包括农村信用社、农村合作银行和农村资金互助社。2010年末，陕西省共有农村信用社机构网点2 637个，几乎遍布所有农村地区，农村合作银行机构网点244个，农村资金互助社0个。农村信用合作社作为中国农村金融组织体系在农村最基层的组织机构，直接服务于农户和农村各种不同的经营主体，在支持农业和农村经济发展中始终处于极其重要的地位。从图7-2、图7-3和表7-1、表7-2

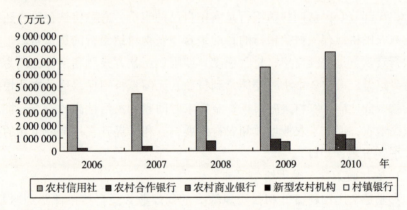

图7-2 农业贷款余额

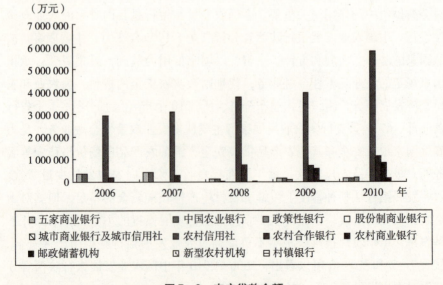

图7-3 农户贷款余额

和表 7-3 可以看出，2006—2010 年，陕西省农村信用社的农业贷款占贷款总额之比从 55.90% 增加到 65.22%，农户贷款余额从 295.64 亿元增加到 577.44 亿元，无论是农业贷款余额还是农户贷款余额、获得贷款的农户数，农村信用社占的份额最大、数额最多，反映 2006—2010 年面向农户贷款的正规金融机构主要是农村信用社。随着农信社加大信贷投入和创新信贷服务，农业贷款余额、农户贷款余额和获得贷款的农户数都呈逐年增加趋势，为增加农户信贷资金供给作出了较大贡献，农村信用社依然是农户获得贷款的主要金融机构，是陕西省正规农村金融机构中向农户和农业经济提供金融服务的核心力量。但是，在农村金融市场中，农村信用社处于垄断地位，缺乏竞争力，这对农村经济和金融的健康发展不利，同时也影响农村信用社自身的稳健经营。

表 7-2　　　　　　　　　　农户贷款余额　　　　　　　单位：万元

	2006 年	2007 年	2008 年	2009 年	2010 年
五家商业银行	357 487	430 317	125 873	153 360	174 599
中国农业银行	352 610	419 075	125 873	153 360	174 599
政策性银行	0	3 040	27 897	90 238	180 435
农业发展银行	0	0	0	0	0
股份制商业银行	0	0	0	0	4 232
城市商业银行及城市信用社	0	671	0	120	1 113
各级农村信用社	2 956 386	3 115 591	3 766 091	3 951 780	5 774 355
农村合作银行	207 373	294 144	743 886	731 358	1 138 644
农村商业银行	0	0	0	584 311	848 933
邮政储蓄机构	2 757	0	29 604	56 934	153 292
新型农村机构	0	0	60	2 720	8 972
村镇银行	0	0	60	2 720	8 972
贷款公司	0	0	0	0	0
农村资金互助社	0	0	0	0	0

表 7-3　　　　　　　　　　获得贷款农户的农户数　　　　　　　单位：个

	2006 年	2007 年	2008 年	2009 年	2010 年
五家商业银行	986 870	1 200 860	41 957	82 833	39 867
中国农业银行	995 979	1 200 000	41 957	82 833	39 867
政策性银行	0	5 573	41 578	105 770	318 154
农业发展银行	0	0	0	0	0
股份制商业银行	0	0	0	0	145
城市商业银行及城市信用社	0	74	0	1	25
各级农村信用社	3 125 560	3 142 493	3 105 823	3 446 876	2 460 669
农村合作银行	41 731	45 481	77 025	82 949	178 113
农村商业银行	0	0	0	11 809	12 422
邮政储蓄机构	9 457	9 011	13 825	16 039	43 211
新型农村机构	0	0	16	324	1 444
村镇银行	0	0	16	324	1 444
贷款公司	0	0	0	0	0
农村资金互助社	0	0	0	0	0

7.1.2.2　金融产品供给单一

目前面向农户的信贷业务仅限于农户小额信用贷款和联保贷款，伴随着农业产业化进程的加快，农村经济发展所需的资金规模逐渐增大，农户小额信用贷款已无法完全满足农户发展生产经营的需要。一些从事农副产品粗浅加工的个体加工户，经济作物种植户和畜牧养殖户，以及一些小型个体运输户和经商户，资金需求一般在 5 万～10 万元，资金使用周期多在 1 年左右，种养大户的资金需求单笔数额较大，资金使用周期相对较长，3 万元以上的贷款额度很难获得信用社的批准。此外，农村金融机构大多采用传统农业贷款产品和发放办法，金融产品的适应性不强，贷款条件僵化、贷款额度低，贷款多是 1 年以内的短期流动资金贷款，不适应农业生产的季节性和长周期性的特征，且农村信用社发放支农贷款主要面向种植业，并不包括农户发展养殖业、运输业及农产品加工行业所需要的资金。

大多数农村金融部门开展的业务包括储蓄、信贷、汇兑、代理保险、

代发工资等，但是这些业务的广度和深度依然较低，具体表现为：首先，
农村金融机构服务业务单一，主要集中在存贷业务上，中间业务种类很
少。调查显示 2008 年陕西省农村信用社实现中间业务收入 3 425 万元，占
整体收入的 0.56%，与其他商业银行比，农信社的中间业务工作目前还处
于起步阶段，在管理方式、品牌创新和实现额度等诸多方面还相去甚远。
对符合农户金融需求特点的短期小额、零散、无抵押担保条件的金融产品
开发力度不够，缺乏符合农户经济发展特点的金融产品，与农户实际金融
需求存在较大差距，在城市中较流行的投资顾问、专家理财等，在农村尚
处空白。其次，农业银行逐年减少农村机构网点，合并涉农信贷业务，其
业务范围主要集中在县城，大部分乡镇信用社和邮政储蓄银行营业网点只
能办理传统存贷款业务，基本没有其他金融服务，贴现和汇兑等业务要到
距离较远的县城才能办理，银行卡业务和自动取款机服务及理财、保险代
理等产品也都不能延伸到农村地区，即使是贷款业务，也主要是传统的类
似消费性质的贷款，而农民迫切需要的外出务工贷款和子女教育的助学贷
款等业务难以有效开展，单一的金融服务品种在一定程度上阻碍了农村地
区经济的发展。最后，农村信用社信贷交易成本过高，由于国有商业银行
在农村信贷市场份额的萎缩，增强了信用社的区域垄断定价能力，农村信
贷供给价格不断提高。

7.1.2.3 农户贷款难普遍存在

从全国来看，农村金融服务与农村经济社会快速发展的形势要求是极
不适应的，陕西省的情况可能要比全国的情况更为严重。2008 年陕西省银
行业金融机构各项存款余额 10 266.17 亿元，其中农村地区存款 2 836.54
亿元，占 28%；各项贷款余额 5 868.07 亿元，其中农村地区贷款 1 187.42
亿元，占 20%；全省涉农金融机构的贷款余额与存款余额的比值达
41.9%；全省农村信贷资金净流出额为 1 649.12 亿元，占涉农金融机构总
贷款的 28.1%。这说明陕西省农村金融机构吸收的存款一半以上处于闲置
状态，大量农村资金没有服务农村经济发展，反而从低收益的农业大量流
向城市中的工商业。针对这个问题，2007 年陕西省政府组织有关专家进行
为期近 10 个月的专题调研，调研结果反映陕西省农村金融体系出现萎缩，
农村金融功能弱化，农村"贷款难"已成为农村经济发展的重要"瓶颈"。
据统计，占全省人口约 60% 的农村，其贷款余额仅占全省各项贷款余额的

7.68%；占全省生产总值近20%的乡镇企业，其贷款余额仅占全省各项贷款余额的2.1%，而这其中90%以上的贷款都是农村信用社发放的，农村金融供给由原来的多家变成了农村信用社一家，而农村信用社的服务方式和服务手段不能适应农户和农村经济发展的需要。

农户贷款难具体表现在：一是贷款额度较小，不能完全满足农户需要。部分农村信用社网点规定必须收回年初核定的规模后才发放新的贷款，这样，农信社的贷款期限多在一年以内，期限较短，且农信社对农户的小额信贷正常授信一般在1万元以内，最高授信额度为5万元。而农户从事生产经营的贷款需求大多都在5万~50万元，这样农信社贷款的期限和额度都不能满足农户的需要，而一些网点往往把收回的农户贷款投向非农领域，以追求贷款的效益性和安全性。二是高门槛。农村信用担保体系建设不完善，贷款担保难、抵押难已成为制约农户贷款的重要因素。由于农村土地流转市场缺乏相关的中介服务和监管体系，导致流转过程中出现不少矛盾和纠纷，加之，缺乏农村土地流转的相关法律和行政法规，农民拥有的宅基地和土地难以成为贷款抵押物，不能从根本上缓解农民贷款难的问题。即使极少数农户具备抵押贷款的条件，但是因为审批环节复杂、填报资料多和办理时间久，同时还要缴纳一定的费用，也制约了农户贷款的主动性。虽然一些银行网点开办小额贷款质押业务，但要求质押物必须是本网点存单，没在本网点存款的农户享受不到小额信贷的支持。三是贷款约期固化，短期贷款利率过高，大部分农户贷款约期依然是春贷秋收，已不适应目前反季节农业、高效农业和农副产品加工业发展的需要，一些网点的短期农业贷款利率过高。

农户贷款难问题不仅影响农民生产的积极性，而且在一定程度上制约了农业生产的进一步发展。在贷款利率封顶的情况下，农信社发放小额信贷的热情难以持久。部分信用社对"三农"服务不到位、流于形式，采取只登记不调查或干脆以不符合贷款条件为借口不予受理等方法回避农户贷款。许多农户因正常的信贷资金得不到批准而产生了不满情绪，抱怨农村信用社的服务质量欠佳，也使一些贷款已到期。在一个生产周期结束后本可以正常归还贷款的农户，因担心还款后再难获得贷款支持，情愿多付利息也不愿归还贷款。还有一些农户在生产经营出现资金缺口时，只能寻求民间借贷，使生产成本加大，为农民增加了新的负担。

7.2　农户信贷供求失衡的原因

7.2.1　金融机构原因

7.2.1.1　农户需求多样化与金融机构资源供给单一的矛盾

目前与农户相联系的陕西省农村正规信贷体系依然是第二次农村金融体系改革后的"三位一体"的组织结构，主要包括中国农业银行、中国农业发展银行和农信社。此外，还包括邮政储蓄银行和村镇银行，但能为农户提供金融服务的金融组织却十分有限。

1. 中国农业银行。农业银行虽然有涉农贷款，但银行商业改革的市场化导向以及资本追求利润最大化的内在要求，造成农业银行逐步收缩对农业的信贷支持，重点支持农业龙头企业、扶贫开发、农村城镇基础设施建设和农村电网改造以及乡镇企业的信贷需求，由于农户缺乏商业银行所要求的抵押品以及信息不对称等原因决定了国有商业银行难以成为解决农户资金需求的主导性金融机构。根据金融学的一般原理，解决的途径只有一个，那就是扶植农村中小金融机构的成长（张曙光，2006）。

2. 中国农业发展银行。农业发展银行陕西省分行的主要业务是承担国家规定的政策性金融业务并代理财政性支农资金的拨付，负责农副产品收购、农业综合开发和扶贫开发等业务，随着农村市场化改革的不断深入，农业发展银行的作用越来越有限。农村政策性金融的存在从某种程度上缓解了农村生产性长期投资的不足，但其主要目标对象并不是农户，其业务不直接涉及农业农户，单个农户很难或根本不可能通过农村发展银行获得生产性资金，农业发展银行对农户融资的有限性决定了其不可能是解决农户资金需求的主要途径。

3. 邮政储蓄银行。邮政储蓄银行陕西省分行成立于 2007 年，2006 年邮政储蓄被银监会批准开始受理小额质押贷款业务，但作为质押品的银行凭证仅限于邮储银行自身的定期存单。除小额质押贷款外，邮储银行目前在全国范围内推出的针对农户的小额贷款还有农户小额联保贷款，农户联保贷款需要 3~5 名农户，用于满足其农业种植、养殖或者其他与农村经济发展有关的生产经营活动资金需求的贷款。邮储银行的小额贷款业务的服务对象，主要是农村养殖户、特色产业户和城市社区商户，生产经营相对稳定、还款周期较短、受宏观经济变化影响较弱者。

4. 农村信用社。农村信用社作为农村金融的主力军，日益成为支持农村经济发展的重要力量，服务基本覆盖到全省所有乡镇。陕西省农村信用社的规模逐年扩大，可贷资金逐年增加说明其经营水平整体上升，但农业贷款占比在 2005 年达到最高以后逐年下降说明某些因素使得农村信用社改变其支农方针，减少了农业贷款的投放比例。从总体情况看，农村信用社改革基本是有成效的，但在信贷支农上，农村信用社目前还是存在一定问题的。在服务方式上，由于存在局限性，无力从更大范围为"三农"提供综合服务。

对于大多数地区农户而言事实上可以享受的金融服务仅仅来自农村信用社的垄断性供给，一旦形成农信社一家控制信贷资源的格局，往往会产生行业垄断或者服务退化的现象，因为行业垄断，农户享受信贷服务的成本增加，能否从农村信用社取得贷款，满足生产经营的资金需求，很大程度上取决于农村信用社的意愿和行为。农信社缺乏创新的动力，造成农村市场上信贷服务种类和模式的单一化，农村资金供需矛盾变得更加尖锐。

农村信用社自有资金不足，农村信用社由于政策因素和自身管理问题，资金的募集和组织日益困难，不能支持"三农"发展。另外，国家对信用社的支持远低于其他商业银行，对农村信用社倾斜不够；在自身管理方面，农村信用社服务手段单一，信用工具落后，市场竞争力弱，吸收存款能力差，市场份额呈下降趋势。农村信用社自有资金短缺会制约对农业投入，无法保持农村和农业经济发展的持续性、稳定性；农村信用社贷款涉及面窄、辐射面小。为控制贷款风险，各信用社针对农户建立信用档案，实行信用户管理，信用社的贷款主要面向信用户，但信用户只是广大农户的很少一部分，大部分农户很难贷到款；在资金投向结构上，农信社也存在支持范围狭窄和需求范围扩大之间的矛盾。调查发现在正规金融机构中，农村信用社是满足农户贷款需求的主要渠道。但由于大多数农户生产规模小经营分散，贷款成本高，农村信用社在追求资金流动性和安全性的同时，采取商业化运行模式，尤其关注信贷的预期收益。近年来，农村信用社为了寻求突破坏账增加和信贷紧缩的两难困境，普遍采取信贷集中经营策略，信贷资金供给有限，在现有的利率体制下，将信贷资金集中投向农村富裕客户和大项目，远离规模小、风险大的低收入农户和贫困户。

首先满足风险小、收益高的农户，其选择客户是按照农村的大规模经营农户（富裕农户）—中等收入农户—低收入农户—贫困户的顺序进行递减选择，尤其是对部分中等收入农户、低收入农户和贫困户实行挑剔性的信贷支持，导致大部分农户较难获得农村信用社贷款。农村金融在支持对象上偏重于农户和种植业，对其他涉农组织和农村第二产业、第三产业支持相对不足。人民银行总行在《中国人民银行对农村信用合作社贷款暂行办法》中明确强调支农再贷款发放对象仅是农户，对于农村经济其他方面的资金需求则未涉及，致使对农村经济发展至关重要的龙头企业和小城镇建设开发需求被限制在农村信用社信贷支持范围之外。事实上，随着农村经济产业化、市场化的发展和农业的对外开放程度的加深，要求金融部门能为农户和农村中小企业提供灵活多样、综合配套的结算融资支持。

5. 村镇银行。2008 年经国务院批准，陕西省第一家村镇银行岐山硕丰村镇银行正式成立。据银监会公布的新型农村金融机构总体工作安排，到 2011 年底将在陕西省设立 12 家新型农村金融机构，其中村镇银行占 8 家，成立目的主要是为当地农业结构调整、农民增收致富提供金融服务。作为金融体制改革的新生事物，村镇银行在品牌效应方面与四大国有商业银行相比缺乏竞争优势，陕西省开始运营的村镇银行网点设置都只在县城繁华地段设立了一个营业点，没有深入到农村偏远乡镇，与村镇银行定位在"村镇"尚有较大差距，在网络通兑等领域还远远落后于农村信用社，难以形成网络优势。这种状况使村镇银行处于经营上的恶性循环：网点少，客户存款越少，资金约束越大；贷款越少，银行绩效越低，开设新网点的能力越低。另外，贷款客户缺少有效资产抵押也是村镇银行面临的困境，注册资本过低，贷款规模受限严重也比较突出。

7.2.1.2 正规金融机构贷款业务限制削弱了金融组织支农力度

1. 正规金融机构"贷款门槛"高，使农户望其生畏。农户向正规金融机构贷款需要抵押品或担保人，更重要的是农户贷款要有较高的社会资本，没有关系是农户申请不到借款和不申请借款的一个主要的原因。关系虽然在降低信息不对称方面是有意义的，但从另一方面也反映了农村正规金融组织在信贷业务中没有严格的贷款程序，金融信贷很大程度上是凭借"一把手"的主观好恶来发放贷款，其中不少是人情贷款，这就无形中提高了农户贷款的交易成本。

2005 年 12 月，经银监会审批，陕西、湖北、福建 3 省首批开办邮政储蓄定期存单小额质押贷款业务试点。2006 年 3 月 29 日起，陕西省首先在宝鸡、渭南、商洛 3 市开始试运行，随后在当年 5 月底 10 个地市全面推开，这是我国 1986 年恢复邮政开办储蓄业务以来，首次推出的资产业务，标志着邮政储蓄持续 20 年"只存不贷"的农村"抽血机"逐步转变成为"输血器"开始的标志。目前，陕西邮储农户小额贷款最高 5 万元，贷款期限全部在 1 年之内（含 1 年），最高贷款金额偏小，不能满足客户生产经营的需求，与质押存款单期限不匹配，贷款偿还方式单一，所有贷款全部采用到期一次性偿还的方式，不利于提高邮储的风险控制能力，限制了邮储小额质押贷款业务的拓展。小额信用贷款的最高授信只有 5 万元，超过了就必须找担保和抵押，且一位贷款人必须找两位担保人，同时这两位担保人也必须从邮政储蓄银行贷款，这样的贷款条件不仅苛刻而且僵化。

2. 贷款手续过于繁杂。农村金融机构贷款手续本身繁杂且贷款方式不灵活。农信社要办理一笔新的贷款业务，要经过申请、审核、贷款发放等步骤，尤其是大额贷款的审批，仍旧集中在高层，从而导致了信贷申请和批准之间的延迟，这与农业经营资金需求要得急的特点不相符。调查发现目前农村信用户中能贷到款的大多是通过本村信贷员，实际村信贷员已不具备贷款权，但农信社充分利用信贷员对农户情况比较熟悉来规避信贷风险，在实际贷款时往往都是信贷员陪同贷款人去贷款或者贷款人拿着签有信贷员名字的贷款申请书去贷款，多数农户文化水平有限，要填写多种凭证和合同，如此麻烦有几个农户想去贷款？如果乡农信社距离需贷款农户的村较远，农民贷款就更是费力又费时。

农信社贷款方式不灵活，种类单一，农民发展副业所需资金贷款难：如贷款期限短以及传统保留的"春贷秋收冬不贷"的贷款方式，这与从事非农生产的农户资金需求特征明显相左；农信社针对农民的主要是小额贷款，这种小额贷款的期限大多为 1 年或 1 年半，贷款额度各县不尽相同，但最多没有超过 1 万元的。这些小额贷款只能用于农民的生活或现有农业生产的周转资金，一些大额的、期限较长的贷款（2 年期，3 万元以上）很难办理。大额贷款不但需要交公证、登记、签证、评估等各种各样的中介费用，而且还要通过至少县以上联社的严格把关，手续相当繁杂。

3. 金融机构内部员工素质不高违规操作造成的行为性风险。农户贷款具有涉及面广、额度小、农民居住分散、管理难度较大的特征。在实际工作中，大多数基层农村信用社网点信贷人员配置较少，信贷管理人员严重不足，农户小额信用贷款贷后管理不到位。而农户小额信用贷款发放后，其风险具有一定的隐蔽性，必须通过内查外对才有可能发现风险。基层农村信用社1名信贷员要管理上千户农户，根本无法对贷款进行跟踪检查，增加了信贷风险。对过于分散和庞大的贷户群而言，农村信用社检查时间相对不足，检查的内容主要是查看档案，了解发放该笔贷款程序的合规性、能否按时收息等情况，无法逐户深入细查。当前农村信用社正处在改革发展的关键时期，国家政策性专项资金委托农村信用社代收代付发生频繁，信贷员精力较为分散。面对每季度"清非、收息、吸存"三座大山，信贷人员客观上走村串户时间较少，电话联系较多，对工作量大、效率低的农户小额信用贷款重视不够，"建档、评级、授信，发证"掺杂着更多的个人感情色彩，摸底调查不规范，大多数农户基本情况由村组干部提供，信贷员闭门造车，没有到户进行认真细致的登记核实。评级授信不严谨，由于评级授信没有统一的尺度和标准，不按规范的操作程序办事，在评定过程中讲人情、看面子，全凭管片信贷员个人主观臆断，导致农村信用社缺乏对农户经济基础、收入状况及诚信意识等重要信息的充分把握，造成人为的操作风险。

4. 信用等级评定工作不够严密。在小额信贷推广中，农户信用等级评定和贷款额度的核定十分重要，对于降低小额信贷风险、保证小额信贷推广工作的健康发展甚为关键。但是，由于农户信用等级的评定和贷款额度的核定是一个涉及诸多方面的复杂工作，部分农信社信贷人员因不愿深入农户认真调查核实，或缺乏必要的专业知识和经验，所以在农户信用等级评定和贷款核定上靠感觉、凭主观、随意性较大，加之一些信用站在初审、信用社在核批时把关不严，从而对小额信贷资金的安全造成不小的威胁。

7.2.1.3 现行金融政策在政策和体制上有"抑农"倾向

在农村金融体制和制度的历次变迁中，政府都起着强制性的作用，农村信用社从最初的合作组织到人民公社的一个部门，再与农业银行"脱钩"、恢复合作性质，均采用了政府供给主导型强制性变迁的方式。本应作为中国农村金融体系主体的农村信用社，其主体定位先后被人民公社、

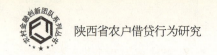

农业银行、人民银行所取代，缺乏独立性（田力等，2004）。

而在四大国有商业银行退出县及县以下地区，上收贷款审批权限、削减和撤并营业网点和机构之后，农村信用合作社真正成为农村金融的主体，但是由于历史包袱，农信社呆坏账比率比四大国有商业银行还高很多，难以满足农村经济活动对金融服务的需求（林毅夫，2003）。

农村信用社作为连接农民纽带的农村唯一正规金融机构，本应享受国家优惠政策，然而，其不仅没有受到政策的保护，而且由于政策因素、历史因素造成的历史包袱不能够像国有商业银行一样得到解决，使得农村信用社背着沉重历史包袱来承担繁重的、高风险、低收益的农业经济发展任务，这有失公允。其次，农户住房产权归属和住房市场、农村住房的评估机制和流转平台有待解决完善。农户普遍认为，农房抵押贷款是个好事情，但申请贷款的成本（土地评估、房产评估和办证费）让农民感觉有点高，土地制度和产权归属实际操作难度大。目前，陕西省没有形成农村房屋的交易市场，因此，银行对农村房屋的变现仍然非常困难。金融政策的"一刀切"倾向也制约了农业信贷的投入。农业贷款涉及的自然风险和市场风险比一般商业贷款风险要高，又缺少相应的信贷保证、保险机制和必要的政策保护，这决定了正规金融机构不愿意涉足农村金融领域。

7.2.2　农户方面原因

近年来，陕西省经济发展较快，2009 年农民纯收入达到 3 438 元。经济在发展，但"贷款难、难贷款"却越来越成为制约陕西省农村发展的一个突出问题。农户贷款需求得不到满足的背后有着多层次的因素，微观约束既包括金融机构方面的原因，也有农民方面的原因。

7.2.2.1　农户信贷能力不足

从调研中发现，陕西省农户借贷的需求强度不足，农户贷款意愿并不是很高，贷款用途中的非农支出占比高于农业支出，导致农村生产性投资不足，即使在农村金融供给不断增加的情况下，农户的借贷需求仍有可能出现下降趋势。

农户信贷能力不足，首先与农业生产的比较收益低有关。从陕西省农户的调查数据看，农户所贷资金大多数用于日常消费，仅有少量用于生产性投资，因为农业与非农产业相比，长期处于弱质微利状态，创收的能力有限，同时随着市场经济的发展，农业生产已不是农户唯一的投资选择。农户防范农业风险的能力不强，一旦生产中遇到意想不到的变化，偿还贷款就会出现问题。其次与正规金融机构的高交易成本有关。正规金融机构的交易成本过高，交易规则约束太多，减弱了农户向正规金融机构借贷的意愿。而非正规金融机构以及各种亲友借款具有方便灵活的特点。再次还与农户没有合适的抵押品有关。正规金融机构为了防范贷款风险，要求农民贷款需要存款或房地产做抵押，甚至惠农资金也要正式机关干部做担保，这无疑设置了一个高高的门槛，把大多数农户排除在正规对象之外，农户除了房屋和土地能做抵押品外，其他能作为抵押品的耐用品很少。最后，还与农户的偿还能力、农村社会保障制度、政府政策的稳定性有关。

7.2.2.2 农户信贷存在信用风险

信用即借款人自身的人格信誉，属道德品质范畴，变数很大，由此形成的债务链极为脆弱，一经断裂和遭致破坏就会失去对信贷风险的约束力。信用风险是农户小额信用贷款最大的风险。与抵押担保贷款不同，抵押担保贷款以物做对价性交易，还本付息在贷款提供之时就有了着落，抵押价值品已将还本付息的不确定性消除。而农户小额信用贷款以个人信用保证贷款本息偿还，信用社凭借款人的契约性承诺提供货币资金，同担保贷款和联保贷款相比较，以其"无须提供担保和抵押"，具有"手续简便快捷、利率优惠、成本较低"等优点，备受农民的欢迎。

由于一些地方对小额信贷的宣传推介工作没有做好，致使一些农户误以为小额信贷是"扶贫款"、"救济款"，盲目抢贷，在部分农村信用社把关不严、监督不力的情况下，一些本来并不需要贷款的农户也争着贷款；有些贫困户并没把贷款投入生产经营，而是用于解决温饱；还有一些农户将贷款收益主要用于家庭建设和子女教育的投入上，贷款到期后迟迟难以还贷；更有极少数农户本来就抱着"不贷白不贷"的心态，从一开始贷款就没想着按期还贷，企图通过赖账方式将贷款"一拖了之"。目前，在陕西经济商品化比较落后的农村，社会信用制度还不够健全，往往相互影响形成债务连锁反应。加上农村执法难度较大，而且农户小额信用贷款分散，其执法成本高，因此，难以对借款户的行为给予有效的法律约束。金融机构作为独立经营、自负亏损的经济实体，从事经济活动要考虑资金的安全性和盈利性，出于自身利益的考虑，缺乏向小农户和小农业企业提供贷款的动力，不愿意向从事工作烦琐、收益低、风险大的农户贷款，而是更愿意向企业贷款，把资金投向非农产业。

7.2.2.3 部分农户的道德性风险

农户道德风险分为道德性违约风险和道德性努力风险两种风险。道德性违约风险是指农户得到贷款后，不遵守贷款合同规定，主观随意改变贷款的用途。道德性努力风险是指农户获得信用贷款后不努力发展生产而影响贷款偿还能力的风险，比如：农户获得贷款后，并不主动积极找寻和决策，发展生产适合市场需求的农产品及提高农产品的生产效率增加致富能力，而是把贷款用于改变生活状况，提高享受闲暇时间效用。

信用贷款因为不需要抵押品，对农户的约束力小，致使风险偏好型的农户得到贷款后为了获取更高的利润，积极改变信用贷款的用途从而给农信社带来额外风险；非信用农户利用信用农户思想较为单纯的特点和农户小额信用贷款操作中本身存在的薄弱环节，通过顶名贷款和化整为零方式将资金用于高风险的小煤窑开采、入股、偿付赌债等。现实中个别农户由于诚信意识差、诚信还款观念淡薄，"借款靠送礼，还款靠转贷"的惰性思想，抱着贷款是国家的能拖就拖的思想恶意拖欠贷款，在还贷问题上存在着"攀比"心理，一些干部，尤其是一些领导干部和社会"名人"，由于种种原因拖欠农村信用社贷款本息不还，没有很好地起到带头表率作用，为农村信用社不良贷款的滋长带来了推波助澜的效果，导致小额农户信用贷款风险过于集中。

诚信是农户小额信用贷款得以发展的基础，诚信的缺失必然会给农户小额信用贷款的良性循环带来不利影响，面对农贷的主要风险，农村信用社在这方面缺乏相应贷款保护措施，在贷款发放过程中必然要承担很大一部分道德风险。农信社应采取规避风险的行为，对不符合信贷条件及任意改变贷款用途的农户，拒绝提供信贷的支持。

7.2.2.4 农户剩余劳动力流动性特点造成的流动性风险

随着农村剩余劳动力逐渐转移，外出务工已成为农户增加收入的一个重要渠道。作为农户小额信贷承载主体的农民务工区域分散且流动性强，经营项目多样，贷款借与用地域分离，农村信用社对其贷款难以监管，常会遇到贷款项目难评估、资金使用难监控、具体效益难掌握、到期贷款难收回、风险贷款难处置等问题，贷款投放后长时间见不着贷户，无法准确把握农户贷款的使用情况、经营效益、信用状况等基本信息，导致大量逾期贷款已丧失法律意义上的追偿权，形成大量不良贷款无法正常运作。小额信贷无须担保、抵押的自身特点，势必造成即使在法律"时效期"，也因执行困难，信用社权益难以得到有效保障。加之农户可处置还贷的贵重物品相对较少，无固定收入，农民土地使用权和住房的处置还贷又缺乏法律和制度上的支持，加大了信贷管理成本和风险成本，成为农户贷款又一重大风险隐患。

7.3　陕西省农户借贷供求均衡的途径选择

7.3.1　选择以市场机制为基础的农村借贷市场混合成长模式

从世界农村金融发展历史看，由于农业生产天然的"弱质性"，即使发达国家和地区，对农村金融发展也采取相应的扶持政策进行支持。与发达国家相比，我国西部欠发达地区农业生产仍停留在典型的"小农生产模式"，农业生产收益率远低于社会平均收益率，农户和金融机构对农业生产的资金投入缺乏动力，单程依赖于农村金融市场是难以解决所有问题的，必须发挥合作金融和政策性金融的重要作用。完全商业化的金融运作对中国大多数农村地区是不合适的，因为金融业的完全商业化运作需要一些前提，比如，市场化程度比较高，市场机制在配置资源中已经居于基础地区，个体之间的经济往来密切，信息共享机制非常完备。而我国农村尤其是西部欠发达地区整体上还不具备这样的基本前提条件，这些地区经济活动所产生的资金流量和经济效益根本无法支撑任何商业性金融机构的运行，农户的资金需求只能依靠政策性的金融机构来解决，更应尝试加强合作金融的制度创新，扩大正式金融供给，对现有民间借贷进行研究和规制，从而内生出适合我国农村经济发展的农村金融形式（张杰，2003）。如果把完全商业化的金融服务形式引入我国农村，那么由于银行资本的逐利本性，使得弱势群体更加难以获得充分的金融服务（黄晓东，2005）。

农村金融服务具有不同于城市金融的自然风险和市场风险，因此，在选择陕西省农户借贷供求均衡体制时，要坚持市场化、商业可持续与政府政策扶持相结合的原则，全面考虑陕西农村金融的实际需要，充分发挥农村金融市场主体的积极性，构建适应农户借贷需求特点的金融体系。陕西省农户借贷市场应选择政府适度介入、以市场机制为基础的农村借贷市场混合成长模式，在该模式中，市场机制主导农村金融市场成长，政府介入的目的是通过降低市场准入门槛、补贴和税收减免等政策保护和放大市场机制的作用，并且组建政策性金融机构以弥补市场机制的失灵。因而，农村金融市场成长需求以引导、内生为主，政府外在供给和引导为辅。调研发现陕西省农户的借贷需求较为强烈，呈现多层次化和多样化特点，农村信用社是农户借贷的首要选择。陕西省可以通过扩大政策性金融机构的支农领域为农户提供扶持性信贷，继续深化农村信用社改革，降低农村金融市场的准入门槛，鼓励更多的机构和组织进入农村金融市场，发展多种类型的中小金融机构，构建良好的农村金融市场外部制度环境，完善金融机构市场退出机制，形成适度竞争、高效运行的多层次发展信贷市场，降低农村金融服务的供给成本，采取有效措施阻止农村金融资源的大量外流，实现政府的农村金融支持目标。同时，政府应制定相关政策，防止出现农村金融机构错位竞争格局，注重发挥市场机制在农村金融市场中配置资源的作用，并充分考虑和尊重农户的内生金融需求。

7.3.2　加强合作制金融在农村金融体系中的基础地位

无论是发达国家，还是发展中国家或地区，各国均不同程度地将农村合作金融作为发展的重点。当前农村经济需要合作金融，农村信用社作为我国现代合作金融的载体，作为较多地区唯一面对农户开展金融服务的正规农村金融机构，必须继续存在。一是其服务形式适应区域农村经济发展，能够基本满足不同经济主体需求；二是农村信用社面向广大农户服务，尤其是对弱小者开放，使其具有高度的认同感；三是服务面向社区，充分利用社区信息资源和社会成本，有效降低了信息搜集成本和贷款者的违约风险。四是农村信用社网点遍布城乡，贴近基层，营销方便。

考虑到农村内生经济增长和内生金融发展的长期性，必须继续维持农信社体制，竭力避免农村地区出现金融服务真空，充分考虑并尊重农户的内生金融需求，为农户提供有效资金支持。农村信用社作为陕西农村地区直接服务于农户的正规金融机构，在继续推行农村信用社改革中，坚持完善合作制，明晰产权关系，完善法人治理结构。农村信用社通过不断完善自身经营管理模式来深化合作制，扩大服务对象范围、服务对象下沿，市场目标选择农村信贷市场竞争中相对弱势的低收入农户，作为信贷服务对象，加大服务力度，为其开发条件更为宽松的信贷产品，为无法从正规性商业信贷机构获得融资的社员提供低成本资金。

7.3.3 以农户借贷需求为导向改善农村金融供给

正规金融机构所提供的金融服务与农户的金融需求之间存在严重的不对称现状，而非正规金融机构提供的金融服务因契合农户的金融需求而长期保持在农村金融市场中的主导作用。面对陕西省农户信贷现状，供给方面的探讨固然重要，但是农户需求层面的分析更为重要，作为农村金融改革的中心——农户，也是农村金融改革的终极目标，农村金融供给应该从其微观基础——农户借贷行为出发。我国当前的农村金融抑制主要表现为供给型金融抑制，需求型金融抑制是从属现象，在一些欠发达农村地区，表面上看是金融有效需求不足，其实质是金融供给类型不对，没有根据需求来设计金融产品和服务，所以解决问题的关键在于农村金融体系的构建必须以需求为导向。

从调研发现陕西省农户借贷依赖农村信用社，借贷需求具有生活性借贷为主、抵押担保品少、层次性和多样化的特点。有什么样的金融需求，就应该有与此对应的金融供给。因此，正规金融机构应该建立以农户借贷需求诱导为依托的金融发展模式。为了实现农村信贷供需均衡，农村信贷供给应坚持以需求为导向的原则，在机构设置、供给结构、供给规模和供给模式等方面充分尊重不同地域的不同经济主体的需求差异，实行具体对待和分类安排。针对农户借贷行为的特征和影响因素提供满足农户资金需求的供给方式，设计出符合农户需求的金融产品，更好地满足农户多样化的金融需求。一方面提高了农户借贷供求均衡水平，增加了可贷资金额度，弥补农户借贷意愿需求和供给水平之间的差距。同时，农户借贷行为的特殊性可以促使农村信用社等机构进行体制变革与金融创新，带动相关行业的机制创新，提高农户的资金积累水平，反过来提高了农信社等机构的经营效益，降低运营风险，形成良性循环，提高供求均衡水平。

7.4 小结

多数农户有信贷需求却没有向正规金融机构农村信用社提出贷款申

请，而农村信用社因为自身原因也无法满足农户生产生活中多样化的融资需求，表明陕西省农户借贷供需双方结构不匹配。

1. 相对于农户多元化的金融需求，金融供给表现薄弱。陕西省农户的资金借贷需求呈现多元化特征，农户具有较强的贷款需求，但实际情况是八成农户认为正规金融机构没有满足其资金需求，银行存款仍是农户借出资金的首要选择，农户金融服务需求具有多元化、多层次的特点，而金融机构金融服务能力不足，金融产品供给单一，农户贷款难较为普遍。

2. 农户信贷供需失衡有金融机构和农户两方面的原因。农户需求多样化与金融机构资源供给单一的矛盾。正规金融机构贷款业务限制较多，削弱了金融组织支持农业的应有力度。现行金融政策在政策和体制上有"抑农"倾向。农户信贷存在信用风险，部分农户诚信借贷意识淡薄，农户信贷能力不足，农户剩余劳动力流动性特点造成的流动性风险。

3. 实现陕西省农户借贷供求均衡的途径是选择政府适度介入，以市场机制为基础的农村借贷市场混合成长模式，扩大政策性金融机构的支农领域，继续深化农村信用社改革，降低农村金融市场的准入门槛，鼓励更多的机构和组织进入农村金融市场，形成适度竞争、高效运行的信贷市场，政府应该注重在农村金融市场中发挥市场机制配置金融资源的作用，应充分考虑并尊重农户的内生金融需求，巩固合作制金融在农村金融体系中的基础地位。

8 促进农户借贷行为合理化的 政策建议与对策

从前几章分析得出，陕西省农村借贷市场存在供需失衡，单一的金融供给不能满足农户多样化的借贷需求，应从农户借贷行为特征和影响因素出发，建立符合农户借贷特征的农村金融服务体系。本章结合陕西省农村金融供给的现状，以农户借贷需求为导向，提出促进农村金融发展，解决农户信贷困难的政策建议，认为当前陕西省农村金融领域应以农村信用社改革为主体，逐步完善政策性金融和商业性金融业务，大力发展新型金融机构，同时规范和引导民间金融组织，构建符合农户借贷特征的多层次农村金融体系，建立农户信贷风险分散机制，创新农村金融产品，加强政府对农村信贷市场的有效干预，提高农村金融机构对农户贷款的支持力度，促进陕西省农户增收和农村经济稳定、持续、快速地发展。

8.1 加速机构多元化进程，构建符合农户借贷特征的农村金融体系

陕西省农村金融市场，既有农户小额信贷需求，也有龙头企业的大额资金需求；既有传统存贷款业务需求，也有银行卡等支付结算和理财等新型金融产品的需求。金融需求呈现多领域、多层次和多样化的特征，相应要求农村金融供给机构类型多元化，各金融机构应根据自身特点，细分生产，明确客户群，确立不同的发展方向和市场定位。

目前，陕西省金融机构之间，因资金实力、经营成本，以及不同风险偏好、风险管控能力不同，没有产生合力服务"三农"的协同效应。金融机构应该根据农户借贷需求的多元化和陕西省农村、农业经济发展现状，充分认识陕西省农村地区经济发展的差异性，因地制宜地加快农村金融组织体系创新，形成合作金融、政策金融和商业金融合理分工、适当交叉的体系，构建一个多元化、多层次和竞争性的农村金融市场。多元化的农村

金融体系能够优势互补，更好地满足农村地区多样化的金融需求，大大提高对农村金融需求的覆盖率，为"三农"提供综合性金融服务，满足不同层次的农村金融服务需求，实现可持续发展。

8.1.1　深化农村信用社改革，发挥农户融资主力军的作用

调查农户筹资渠道发现，陕西省作为西部农业产区，农户以种植业和外出打工谋生为收入的主要来源，其扩大生产所需资金主要来源于农信社，自从四大商业银行从乡镇级农村撤资后，信用社成为农户获得借款的主渠道，而从其他金融机构获得贷款的机会较小。农村信用社成为支农主力军，也成为农村金融市场的垄断者。作为面向农户借贷的主要正规金融机构，应充分利用贴近农村的地缘优势，以改革为契机，通过创新更好地提高服务质量和效率及农户资金借贷需求的满足率，以及农户对其信贷服务的满意度。

8.1.1.1　深化农村信用社产权改革，重建农村合作金融体系

银监会宣布，从2011年起，在五年左右的时间将全国农村信用合作社改制为农村商业银行，不再组建新的农村合作银行，现有农村合作银行要全部改制为农村商业银行。针对陕西省区域金融发展不平衡的现实情况，适时、适度地对各地区农村信用社进行产权改革。暂不具备条件地区的农信社完善合作制，比照股份制的原则和做法，进行"改造"，以实施股份制改造为任务，推动股权结构优化和组织形式变革，为过渡为农村商业银行做好准备工作。经济较发达地区进行"改制"，以组建农村商业银行为任务，促进经营机制转换。组建农村商业银行，可协调地方政府积极参与到农村信用社的改革中，借助地方政府力量，尽快对农村信用社现有风险进行处置，促使其尽快走上发展之路。农村商业银行防范和化解农村信用社风险的最好出路，通过化解现实风险和壮大发展实力，建立普惠制农村金融体系，提升支农服务功能。

进一步完善农村信用社法人治理结构和产权改革，建立决策、管理、监督相制衡，激励和约束相对应的管理机制和经营机制，把农村信用社办成由农民、农村工商户和各类经济组织入股，为农民、农业和农村经济发展服务的社区性金融机构，推动小额信贷等业务更好地为"三农"服务，贴近农民生活。通过股份制改造可以明晰产权，完善治理结构，增强自我

约束能力。同时，利用现代银行的经营理念和管理经验，转换经营机制，大大有利于防范和化解农村信用社金融风险，保持社会稳定。

8.1.1.2 农村信用社应以服务农户借贷为职责，提高服务水平

农信社可根据农业生产、农村企业和农民生活的不同需要，设计不同的信贷种类和优惠政策，给予多种资金支持模式，使自己的服务品种多样化。一方面，通过贷款满足农户资金需求，提高农户收入水平，促进本地区优势产业的发展，发挥农村信用社为农村地区经济发展服务的功能；另一方面，也提高了农信社的经营效益，增强了竞争能力。

1. 加强对小额信贷的宣传，扩大小额信贷业务在农户中的认知度。农信社进一步做好农户小额信用和联保贷款工作，尽力满足农村分散和小额资金的需求，积极探索农户小额信用贷款和联保贷款向农业种养大户和农村小企业逐步延伸的有效方式，拓宽服务范围。农信社及其他提供小额信贷业务的金融机构要转变观念、提高服务意识，加大对小额信贷业务的宣传力度和范围，使农户相信只要遵守贷款合同规定，按时足额归还贷款本息，是能够容易地再次获得贷款的，在这其中要坚决杜绝贷款发放过程中的人为操作因素，使农户与信用社之间能够建立起相互信任的关系。在农户违约之后，要使农户相信只要不是恶意违约，在缴还贷款本息之后，是有很大的可能性再次获得贷款的，要使信用激励机制真正发挥作用，建立双方的信任关系。

2. 农信社应合理确定贷款利率，增加授信额度，简化贷款程序。目前农户认为农信社的贷款利息普遍较高，借款年利息在 9.6% 以上的占农户借款总数的 51.5%，这种高成本的贷款在解决农户经济困难时也增加了农户的经济负担，不利于农村经济发展，农村小额信贷达不到其促进农村经济发展的目标。农信社应逐渐放宽信用农户的借款条件，进一步简化借款程序。对于某些资金需求较大的农户，农信社可根据其经济状况、诚信表现及资金使用方向，对部分安全程度较高的农户，加大对他们的放款额度，满足他们的资金需求。对农户的贷款程序可适当放宽，简化贷款条件与手续。严格执行贷款利率定价办法，加大对农业基础设施建设的投资，尽可能给农户高效、快捷、优惠的信贷服务。

3. 加快涉农金融产品创新，设计开发符合农户借贷需求的新型金融产品。农信社遵循经济效益和社会效益相结合原则，优化机构网点布局，扩

大服务辐射范围，更便捷地为农户生活和生产提供金融服务。一是丰富完善小额信贷产品，探索新的农户联保担保贷款机制，满足农户多元化的信贷需求。为农户进城经商提供资金，开展农村工商户小额信用贷款，满足农户生活性用途，推出用于购建住房、子女上学、修缮房屋和购买大型耐用消费品等系列小额贷款产品。二是基于现代信息科技的低成本商业可持续模式，积极开发适合农村经济发展和农户借贷需求特点的产品，充分利用现有结算支付平台，开发和推广新的支农金融产品和服务，有效发挥银行卡功能，对农民提供方便快捷的异地汇款业务、"一站式"金融超市、手机银行和网上银行等金融服务，提高农村金融服务的效率和质量，满足农村日益多元化金融服务需求。农信社开展农户信贷产品服务后，还应积极运用信息传播最快的媒体资源，通过新闻、广播和社区活动等宣传方式把产品展示出去，塑造良好的品牌形象和社会形象。

8.1.2 拓宽农业发展银行的支农领域

作为唯一的政策性农村金融机构，农业发展银行应该明确市场定位，围绕农业产业结构调整和规模化发展，结合当地经济发展水平，延伸机构，扩大服务对象和业务范围，积极发掘政策性金融业务支农力度，真正发挥政策性金融服务功能。农发行应进一步发挥国家干预和调节农村经济的重要作用，弥补农村商业金融的市场缺陷，发挥示范引导作用，带动商业性金融和社会资金投向农村经济发展所需的基础设施建设和农业综合开发等领域。

1. 调整农业发展银行的职能定位，拓宽业务范围，允许其开办农业综合开发贷款、粮食生产专项贷款、农村基础设施建设扶贫贷款、加大扶持农村教育卫生等农村公共设施和农业资源开发力度。农业发展银行要创新信贷服务，争取银监会批准、总行授权，适时开办农村综合开发、农业基础建设项目等开发性贷款业务，扩大信贷支持范围。

2. 研究发现陕西省农户贷款具有显著的生活性用途倾向，造成这种现象的一个重要原因是由于农村公共产品价格高。户主年龄对农户的借贷意愿有着显著的负向影响，教育程度对农户借贷意愿则有显著的正向影响，说明农发行除了办理农副产品收储贷款和农村基础设施建设贷款和扶贫开发贷款外，更应直接充当贷款人为农户提供直接金融服务，增加对农村医疗机构、基础教育的改革及建设项目的专项贷款，从而达到减轻农户生活负担，缓解农户"教育卫生"借贷困境，促进农户借贷行为合理化的目的。

3. 重点支持农户增收项目。农户收入增加能使一定程度的生活型借贷转化为具有产出效应的生产型借贷，从而很大程度地改善农户借贷行为。农发行重点支持"公司＋基地＋农户"中的涉农龙头企业，使龙头企业在农民增收和拉动农村经济发展方面发挥辐射和带动作用。

8.1.3　发挥农业银行支持县域经济的优势作用

农业银行应根据农村经济发展和城乡经济一体化的需要，紧紧围绕农业结构调整，立足于大农业、大市场，重点支持优质农业规模化经营、农业科技型产业化和城乡一体化发展。继续完善农业银行的经营管理体制，以"三农"为中心，采取激励措施引导与调整信贷投向结构，加大农业银行对农户和农村中小企业的支持力度。农业银行应该下放和扩大县级分支机构的授权授信，简化贷款手续，创新县域中小企业和个体工商户信贷机制。建议农业银行配合战略转型，将县支行纳入"三农"金融部管理，作为面向"三农"和县域经济发展的服务平台，提高专业化经营管理和支农服务水平，赋予乡镇基层营业网点一定的资金自主权，允许基层机构面向农业领域自主贷放一定额度的资金，实现农村资金的良性循环。

8.1.4　促使邮政储蓄银行农村资金回流

邮政储蓄银行应该与商业银行、农业发展银行和农村信用社在业务上各有侧重，优势互补，形成合力，以期取得综合支农效果，改革邮政储蓄机构。农村地区邮政储蓄机构应该利用其农村基础网点多，以稳步推进小额存单质押贷款和小额贷款为重点，使其成为面向农民提供存贷款服务，办理结算业务的综合性金融机构。建立邮政储蓄资金回流机制，运用税收等手段引导金融机构的信贷资源流向农村，以形成稳定的农村资金流动机制。对来源于农村的资金，指导性规定邮政储蓄银行将从农村地区吸收的资金以同样比例的贷款投到农村，将每年新增存款的比例投放到涉农领域。对遵守指导比例发放贷款的邮储机构要给予优惠的税收政策或相应补贴，提高执行政策的积极性和主动性。有效增加农村信贷资金供给，促进

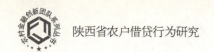

资金回流到农村，激活当地农村经济，使邮政储蓄在促进陕西农村经济发展中发挥重要作用。

8.1.5　积极发展新型农村金融机构服务体系

随着农村金融市场准入门槛的降低，新型农村机构包括村镇银行、小额贷款公司、贷款子公司和农村资金互助社等新型农村金融机构在农村地区开展业务，为农户提供了新的可供选择的筹资渠道。但由于陕西省区域经济发展不平衡，农户资金需求层次差异大，需要多样化的金融服务。因此，应有针对性地建立多种形式的新型农村金融机构和组织，吸引更多的信贷资金和社会资金进入农村。因地制宜地推进村镇银行的发展，鼓励小额信贷组织的设立，鼓励符合陕西省农村经济状况的保险公司、担保公司的设立，调整农村金融的市场准入政策，鼓励民间资本进入农村金融市场，坚决取缔高利贷等非法金融活动。

8.2　建立农户信贷风险分散机制

调查反映，正规金融机构对农户的授信额度远远低于农户所期望获得贷款的额度，因此，提高贷款额度是改善农村金融服务的重要内容，但提高农户授信额度必须以降低金融机构信贷风险为前提，因此，建立有效的农村信贷风险分散机制十分重要。

8.2.1　建立农产品期货市场

根据陕西省各地区农业产业结构调整的需要，积极建立具有地方优势产业的农产品期货市场，适时开发农产品期货品种、期货交易工具，加快推出小麦、玉米和油料等大宗农产品期货及生猪、肉鸡等畜禽产品期货，农用饲料、化肥等农业生产资料期货。尽快建立农产品期货价格指数和农产品期货市场基础设施建设，完善商品期货交易机制，积极吸引新的投资主体参与期货市场，鼓励农产品生产经营企业和农户参与期货市场交易，开展套期保值业务，发挥期货市场引导生产、价格发现和规避市场风险的功能。

8.2.2　发展农业保险市场

由于农业生产不仅面临市场风险，又面临自然灾害风险，导致商业性保险公司缺乏开展农业保险的积极性。农业保险作为农村金融市场的一种重要风险管理机制，可以为农户生产提供风险屏障，在一定程度上克服农户自身抵押担保少的缺陷，提高农户贷款的获得性。（1）发展多种形式的农业保险组织，构建商业性农业保险与政策性农业保险相结合的机制，积极支持各类城市商业保险公司开拓农村保险市场，给予农业保险公司一定的政策优惠和参加保险的农户一定的保费补贴，提高农业保险公司的经营积极性和农户参与农业保险的主动性。开展"保险＋信贷"等新型金融业务，使农村保险服务与信贷业务实现有机结合和互动发展，保险公司应积极开发保障适度、保费低廉、保单通俗的保险产品，大力发展跟单农业保险。设立农业再保险公司，建立省级农业再保险基金，推动农村保险代理。（2）政府应为农业保险的开展提供政策扶持，逐步建立财政补助与政策性农业保险相结合的农业风险防范与救助机制。陕西省政府应在自我能力范围内，运用政策引导和财政补贴等手段为商业性保险公司开展农业保险提供必要的政策优惠，如成立政府补偿基金、税收优惠和加强转移支付力度等。（3）加强农业保险与专业组织的结合，降低农户的经营风险。发挥专业组织在农业技术指导、销售和市场等方面的作用，使农户结成利益共同体，将市场风险尽量降低，保证农户生产经营的利润率。还可以引导农民建立互助保险组织，鼓励和支持各地因地制宜，灵活有效地开展多种形式的农业保险。

8.2.3 扩大农户借贷抵押品范围

农户贷款一般借贷期限短、数额小，由于农民缺乏有效的抵押物，农户贷款主要以农户信用为基础，贷款发放缺乏必要的抵押担保，农户贷款的违约率较高，且随着农村经济发展水平的提高和农村产业化结构的调整，农户对中长期、大额借贷资金的需求日益增加。但长期借贷资金的解决一方面要求提供适宜的抵押品，另一方面要建立长期信用制度，才能够解决农户对长期、大额借贷资金的需求问题。调查表明，无论是申请贷款的农户还是提供服务的金融机构，抵押担保仍是贷款发放与否的决定性因素。农村信用社除小额信用贷款外，其余形式的贷款发放仍非常重视提供抵押担保，而缺乏抵押担保是农户贷款难的重要原因，解决途径有：扩大有效抵押品的范围，在总结农村土地流转和林权抵押等担保试点经验的基础上，积极探索和有效扩大抵押担保品范围，依法开展风险可控和权属清晰的大型农用生产设备、林权和地使用权抵押贷款，增加存货、应收账单、仓单、农业订单、保单和可转让股权等权利质押贷款。农地金融制度的建立在一定程度上可以解决这一难题，农地金融制度利用农地作为信用担保或抵押进行资金融通的金融制度，它以农地所有权（或使用权）作为抵押，使农民可以很便利地获得长期生产性资金，解决了农户的资金短缺问题。农地金融制度具有债权可靠、较为安全的特征，且以土地为抵押品的贷款，偿还期长，借贷额度较大。这样既可以解决农民长期贷款难的问题，同时也可以降低农村金融机构的经营风险。

8.2.4 建立完善农村社会福利保障制度

目前，建房、婚丧嫁娶和生老病死等生活性借贷大大超过生产性借贷，且在家庭生命周期后半阶段，将上升为第一位，而在此阶段家庭偿还能力会日渐减弱，这势必影响借贷安全，而且还会抑制生产性借贷。因此，应逐步建立完善农村社会福利保障机制，用市场保险取代家庭保险，原有的家庭保障功能被现代市场中的保障组织所代替。通过建立普及化的农村合作医疗制度，国家可以给予低息或无息政策性支持，减少农户因疾病导致的意外性支出，解决因病致贫、返贫的问题，从而增加农户家庭收支的稳定性和计划性，增强农户经济实力，减少因此产生的信贷需求，促进农村借贷的健康发展。完善针对贫困学生的助学贷款制度，也是增强农户抵御风险能力的重要措施，这样才能从根本上弱化农户对于生活性借贷的需求。在亲友为主的民间借贷方面，政府应加强引导，提高正规金融机构的金融服务水平，逐渐降低民间借贷在农户借款中的比例。

8.2.5 建立适度竞争的农村金融市场

调查表明，陕西省农户获得借款的主渠道是亲戚朋友和农村信用社，从其他金融机构获得贷款的机会很小，农村信用社成为农村金融市场的支农主力军和垄断者。虽然农村信用社农户小额信用贷款和联保贷款的开展在一定程度上有助于缓解农户贷款难的问题，小额贷款公司、村镇银行、贷款子公司和农村资金互助社在内的新型机构已经在农村地区开展业务，为农户提供了新的可供选择的筹资渠道。但由于陕西省农村地域范围广，陕西省农村金融供给总体不足，农户贷款需求层次大，需要更加多样化的金融服务，因此，应该增加多种形式的农村金融供给主体，吸引更多信贷资金和社会资金进入农村。同时，调查显示，正规金融还是非正规金融借款向高收入农户集中的趋势非常明显，农户借款的这种财富偏好又使得农村贫困农户借款变得更加困难，因此，增加适合农村低收人者的金融供给具有重要意义。（1）疏通大型正规金融机构向农村金融组织输入资金的通道。大型正规金融机构的资金可以通过委托—代理或借贷的方式输入专门在农村地区经营的金融机构，从而弥补农村金融机构资金不足的问题，还可以引导正规金融机构将资金投向农村。（2）在适当控制风险的前提下，积极稳妥地开放农村金融市场，为愿意到农村地区开展业务的金融机构和组织降低市场准入门槛，并不断改善其经营环境；同时鼓励发展农户自发性的和具有半民间性质的农村金融机构，为农户的金融需求引入更多有效的供给主体。（3）逐步放松对农村信贷市场的利率管制，形成较为合理的利率水平和资金价格体系，引导社会资金通过金融机构投入农村地区。

8.2.6 建立农村金融机构退出机制

金融机构经营必须具备流动性、利润性和清偿性，但是目前陕西农村地区存在相当数量既无流动性，又无利润性，更没有清偿性的信用社，应该让经营不善和问题严重的金融机构退出农村金融行业。对于产权不清晰、管理混乱、经营亏损严重的信用社，如果不将其淘汰出金融市场，会增加农村金融市场运作风险。通过建立有效的退出机制和手段，使其平稳地退出金融领域，保护存款人和社员的合法权益，保证金融秩序的稳定。对农村信用社按照不同的存款准备金率和资本充足率，实行分级管理，划分为正常、关注和限期改正三个级别，在资不抵债之前实施破产，采取渐进措施，有步骤和平稳有序地逐步进行资产清算、冻结和清理工作，或者进行市场化程序的重组兼并。此外，允许民营金融机构进入农村金融市场的同时，有针对性地制订有关新设民营金融机构的退出法规。民营金融机构严格按照市场机制经营，依据自担风险和自负盈亏的原则，对经营不善、绩效不佳和资不抵债的金融机构实施破产、清算，以确保整个农村金融市场体系的良性循环。

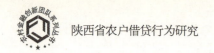

8.3　以农户借贷需求为导向，创新农村金融市场的金融产品

8.3.1　创新金融产品

陕西省作为典型的农业省，农户扩大生产所需资金主要来源于农村信用社，陕西省陕南、陕北、关中三个地区金融发展水平存在明显差异，决定农村金融改革应该根据地区自身特点，细分农村金融市场，明确客户群，因地制宜地开发适合农户信贷需求特点的金融产品。农村金融机构不仅应在传统金融工具方面进行创新，也应在中间业务等方面进行创新。

8.3.1.1　传统金融工具创新

开发支持新农村建设的组合型金融产品。将公司为农户担保贷款、订单担保贷款、仓单质押贷款以及农业动产抵押贷款组合在一起，推动"公司＋基地＋农户"的产业化组织模式发展；为有效分散和降低农业生产和农业信贷风险，可推出农业信贷保险、农产品期权期货等金融支农衍生产品；开展个人委托贷款业务。农村金融机构可在民间借贷双方之间起到金融媒介的作用，根据委托人确定的对象、用途、期限和利率等代为发放、监督贷款使用并协助收回，仅收取一定的手续费，不承担贷款风险。对于资金借出者，个人委托贷款业务降低了其面临的风险，拓宽了投资理财的渠道，有助于促进民间借贷由地下操作转变为规范的市场借贷行为；推出针对外出务工农户的金融产品，面向这部分农户可推出"农户劳务贷款"，开展农村工商户小额信用贷款或者农村工商户联保贷款，尝试开展最高抵押循环贷款，推行小额贷款和小额保险的联动机制，满足农户进城经商的资金需求。

8.3.1.2　中间业务创新

进一步改进、完善现有的资金清算系统和支付结算平台、结算网络和账户系统，创新和推广新的结算产品，有效拓展和完善资金结算渠道；扩大代理业务范围。可考虑开展代发保险金、代理融资、资金管理、会计事务、保险、投资理财等，将农村金融机构的业务渗透到农村经济主体发展和社会生活的方方面面；推出带有合作金融统一标识的银行卡，大力推广农民工银行、网上银行、手机银行和"一站式"金融超市等金融服务方式，提高支农金融服务的质量和效率。面向高收入农户推出技术含量高、集支付结算等功能于一体的银行卡，积极发展基于现代信息科技的低成本中间业务。

8.3.2   创新农村信贷管理机制

（1）根据农户不同的信贷需求和信用等级，合理提高授信额度。按照风险可控、方便快捷和便于管理考核的原则，简化信贷操作流程，创新贷款品种，不断推出个性化、实用性强的支农贷款新品种，开展多种金融业务，通过多元化经营分摊金融服务成本，并制定适度偏重激励的小额信用贷款分类管理和考核办法，增强信用社及信贷人员的约束激励机制以防范信贷风险，充分调动经办人员做好信贷支农工作的积极性。（2）在农村土地流转和林权等抵押担保试点经验的基础上，有效扩大质押和抵押担保品范围，依法允许农户以大型农用机械、林权和土地使用权抵押贷款和各种债权等权利质押贷款。（3）增加农村金融机构网点数量，在金融机构空白乡镇采取"金融机构网点＋电话服务"、"机构网点＋包片信贷员"和设立背包银行与流动银行等做法，确保这些地区的基本金融服务全覆盖。（4）改进服务方式，农村金融机构应下放和扩大对符合条件的县级分支机构的授权授信，简化贷款手续，缩短放贷时间，创新县域中小企业和个体工商户信贷机制，降低农户融资的隐性成本，为农户提供方便及时、还款灵活、制约较小的金融服务供给。（5）加强对小额信用贷款的宣传，扩大小额信贷业务在农户中的认知度。农信社和其他开展小额信贷业务的金融机构要转变观念，增强服务意识，坚决杜绝贷款发放中的人为操作因素，在农户与信用社之间建立起相互信任关系，发挥信用激励机制的作用。（6）将行政处罚与法律处罚更好地结合，加大农户违约成本，减少农户贷款违约的可能性，提供担保农户担保和信用社放款的积极性。

总体说来，各类金融机构应坚持在农村地区开发贴近农村、交易成本低、符合农户实际需要的金融产品，提供符合基本需求的低成本金融服务，推进农村金融产品和服务方式的创新，归纳为：（1）提供满足农户基本需求的金融业务。针对农村经济发展和农户金融需求的特点，提供符合农户基本需求，以简单的存取、汇兑和贷款、保险等为主的基础性金融服务，坚持小额、微利原则，尽可能降低经营成本。（2）降低农村服务成本。利用现代信息技术，建立现代化支付体系和征信系统等基础设施，加速推动农村金融机构信息化、网络化进程,降低操作成本,使农村地区享受到低成本、多层次的金融服务。(3)降低人工成本。农村金融机构的从业人员应该熟悉当地情况,金融机构在当地雇用熟悉本地情况、具有基本金融知识、能够完成基本业务操作的人员从事具体工作,以此降低人工成本,实现低成本运营。(4)鼓励现有农村金融机构的改革和创新,探索更贴近农户需求的金融产品和服务方式,简化现有产品和服务的审批手续,缩短放贷时间,降低农户融资的隐性成本。

8.4 促进农户借贷行为合理化,加强政府对农村金融市场的有效干预

我国土地属集体所有的制度及小规模的农户家庭经营的特点更使得我国农业发展所需要的资金不可能完全依靠市场来完成,农村金融市场的健康发展需要政府进行有效干预,政府干预的目的是更好地发挥市场机制在农村金融市场发展中的作用和弥补市场缺陷与失灵上。改善农村金融生态环境建设应先从外部经济环境入手,发挥政府主导作用,政府职能要从管理型向服务型转变,把优化经济环境作为经济发展的首要目标,改善农村金融发展环境,形成资金向农村聚集的"洼地效应",促进区域农村经济发展。金融部门应配合做好社会信用体系建设工作,引导金融资源的合理配置,提高金融资源的使用效率,营造金融与经济和谐发展的金融生态格局。农信社在加强自身改革,提高经营管理和服务水平,给农户提供更新、更快、更细的贷款服务的同时,政府尤其是地方政府要在宏观层面上给予农户发展第二产业、第三产业的优惠政策支持、产业指导,因为只有农户有了好的投资渠道,才会有资金需求,才会借贷,这样才可能使农户的资金需求和农村金融部门形成良好的资金互动。

8.4.1 对提供农村金融服务实施优惠政策

资金是农户生产、投资和经营的基本要素,不能获得资金会进一步加剧低收入农户的贫穷。因此,政府应采用相应政策措施激励正规金融机构加大对农村资金的投放力度,增加农村政策性贷款,提供低息甚至无息贷款,来帮助低收入农户脱贫,具体包括:(1)为了鼓励金融机构在农村提供金融服务,政府应提供相应的扶持政策和措施,在财政和货币政策等方

面给予优惠。比如对于向"三农"提供的贷款可享受税收优惠、适当的利息补贴，或按其数额大小核减部分存款准备金。农户贷款因自然灾害或疾病等意外因素造成信用社贷款无法收回时，由政府财政拨款弥补信用社损失；政府可以给予在支农方面成绩突出的信用社相应的奖励。为了降低农户的借贷资金成本，政府可指引农信社下浮贷款利息，也可拿出部分财政资金补贴农户借款利息中高出正常水平的那部分，解决农户贷款利息较高的问题。对预期收益率高的投资项目，政府可出台相关优惠贷款政策，引导和支持农户进行投资。建立农村信用社发展基金，用于建立电子网络设施、运钞车和员工培训等。（2）放宽对农信社利率的限制。使农信社的利率能够在更大范围内浮动，有利于其他金融机构展开竞争，从而有效降低整体农村金融市场的利率，改善金融服务质量，提高农户福利。同时为了吸引农户把储蓄存入银行，可考虑适当给予农户存款利率一定的优惠（上浮或补贴），偏远地区更应如此。（3）政府建立适当的农村业务补贴机制，引导大量金融资金回流农村，落实产业优惠政策，指导贷款资金使用，切实为农户提供力所能及的贷款扶持，提高农户资金使用效率。针对农户借款利息较高的问题，政府可拨出部分资金，补贴农户借款利息中高出正常水平的那部分，降低农户的借贷资金成本。在农户整体借款信用条件较好的条件下，政府可指引农信社降低其贷款利息，减轻农户借款成本负担。对某些预期盈利条件较好的农户投资，政府可出台相关贷款优惠政策，鼓励和支持农户进行投资。（4）建立优惠政策保障机制。建立责任问责制，加强办事效率，以确保产业优惠政策的落实，保证农户能够真正获得其应享有的优惠的借贷政策，防止该优惠政策下的借贷资金外流。政府应切实为农户借贷提供力所能及的扶持，并给予贷款用途方面的指导以提高农户资金使用效率。另外，建立百姓监督机制，实行政府透明化，让百姓监督政府并不断提出相应的意见及建议，这样可以保证政策落实的效率。

8.4.2 政府应设法让农户提高收入和积累财富

完善农村商业性金融市场发展有赖于农户收入的提高。研究发现，不论是正规借贷还是非正规借贷，放贷者大都注重借款者的偿债能力，而农村的低收入家庭的偿债能力相对而言都较低，低收入农户往往被排除在农村借贷市场之外。农户收入提高可以使其提出正常金融需求从而有能力利用农村金融体系的条件。只有提高农户收入，从亲友借贷的面子成本提高，民间借贷才会减少，农户的资金需求弹性也随之提高，逐渐减少对高利贷的需求（张杰，2003）。农户低收入是当前农村信贷市场中商业银行退出和非正规金融占主导地位的根本原因。调查中有 48.39% 的农户认为家庭还款能力是获得贷款的主要决定因素，只有农户收入增加到一定程度之后，农户信贷市场中的"二元金融结构"才可能逐步消除，农户收入增长可以促使农户从分散化、小规模的传统农业经营方式向专业化、规模化的现代化农户转变，其投资发展生产的动机会增强，贷款的有效需求也必然旺盛，更好地与现代金融机构的金融服务和产品对接。因此，增加农户收入是解决农户借贷问题的根本办法。政府应努力提高农民收入，大力发展现代高效农业，加快农村产业结构调整和加大对经济落后地区的劳务输出规模。

8.4.3　培养农户金融意识，增加农户信贷可得能力

作为农村金融市场的需求主体——农户的金融需求与政策诉求是进行农村金融改革的基本依据，以农户利益为出发点，从培养农户金融意识、增加农民收入、建设农户信用体系和提高农户文化水平等方面增加农户信贷的可得能力，激发农户利用正规金融发展生产的自发性的积极性。（1）培养农户金融意识。调查表明虽然农户有较强的借贷需求而没有向正规金融机构提出申请的一个重要原因是农户缺乏金融意识，担心达不到金融机构的贷款条件而放弃贷款申请，或主观意识怕麻烦而不愿意花费时间和精力申请贷款。因此，金融机构应大力推动在农村地区金融意识和信用意识的宣传教育工作，制定适合农户特点的宣传培训方式，开展农村金融教育和培训，增强农户信用意识，帮助农户获得基本的金融知识以改善生产生活条件。（2）建设农户信用体系。农民是讲信用的，一是金融部门应正确引导农民积极的一面，大力推动农村金融意识和信用意识的宣传教育工作，制定符合农户特点的培训宣传策略，开展金融知识教育和培训，增强农户信用意识，帮助农户获取基本的金融知识来改善生产生活条件。二是信用社和当地政府一起构建信用网络，帮助县域银行业金融机构组织开展信用户、信用村和信用乡镇的评定工作，推动各级政府发挥在信用文化建设中的主导作用，借助地方政府作用，促进信用文化建设和农户贷款良性循环

的建设。从目前的农户借款经验看，大部分农户在农信社已经有借款记录，并且显示出农户的诚信水平不是很差，农信社可根据现在的农户的诚信表现，继续加大"信用户、信用村、信用乡镇"建设，提高农村地区整体信用环境，引导更多金融机构到农村地区经营。（3）提高农户文化水平和对农民的技能培训。农户的文化程度对农户借贷意愿具有正向促进作用，因此应加大农村教育事业投入力度，不仅包括基础教育投入，还包括开展各种农业生产技术培训、创业培训和就业培训等，提高农民文化水平和文化素质，增强其对市场信息的应变与判断能力。

8.4.4 探索建立农村社区再投资制度

国有商业银行在许多农村地区吸收存款量远远大于发放的贷款量，大量抽逃农村资金，长期的资金外流必然阻碍农村经济的发展。实际上，不论发达国家还是发展中国家和地区，都曾不同程度地存在对农村地区的"信贷歧视"导致的农村信贷需求难以满足的问题。解决这个问题通常采取两种办法：一是政府加大财政资金投入，支持农村地区发展；二是制定法规，明确规定金融机构必须为其经营业务所在社区提供金融支持和服务，满足该社区的信贷需求。社区再投资机制正是政府加强金融支持和政策倾斜，支持农村地区发展经济的最有代表性的举措。

我国应借鉴国外经验制定社区再投资法规或条例。美国的社区再投资法要求金融机构在符合安全和稳健经营原则的基础上，满足其所在社区的信贷需要，泰国要求所有的金融机构必须将存款的20%用于农业。我国的社区再投资法采取的模式应该结合农村金融市场的开放度，研究市场化的资金回流农村机制。在完善农业发展银行内控机制，增加经营透明度的基础上，根据其经营管理能力，适当放宽其经营范围，尤其是农村的中长期融资，有利于解决农村资金外流问题。明确规定在保证资金安全的原则基础上，在县及县以下设有经营性网点的商业银行和邮政储蓄银行，应积极开展有益于当地经济发展的贷款和金融服务项目，将分支机构在农村吸收的一定比例的新增存款用于支持当地农村经济和农业发展，满足涉农中小企业和中低收入农户的信贷需求，政府对上述金融机构的涉农信贷服务给予利率和适当的税收等方面优惠政策，防止通过商业银行把有限的农村资金大量流向城市。

建立社区再投资机制可以避免由于信贷不足导致农村经济陷入因缺乏资金无法发展、因发展缓慢而难以获得资金投入的恶性循环，有效减少农村资金外流的现象。农村金融机构利用其地缘优势，熟悉农村金融业务和农户基本信息，容易控制风险，在农村社区吸收存款，发放贷款，服务于当地政府和农户，提供的金融服务能针对性地满足农户需求，使农村金融机构更加专业化和本土化，减少信贷风险。通过资金回流扶持农村中小企业和农户发展生产，可以促进农民就业、提高农民收入水平和农村经济增长水平，农村经济增长又会产生新的金融需求，从而促使农村金融机构增加金融供给，这样带动农村经济和农村金融进入一种良性互动发展状态。

8.4.5　加强农村金融基础设施建设

政府加大对农村地区基础设施的建设，包括对交通、通信、水利、教育和卫生等基础设施的投入；完善农村社会保障制度，加大医疗、教育等公共事业投资，为农村信用社从事纯商业经营创造条件；政府应为金融机构创造良好的经营和信用环境，大力推广信用村、信用户和信用乡镇建设，将农村信贷纳入全国信贷登记系统，建立失信惩戒系统，打击逃废债，建立良好的信用环境；改变财政补贴资金使用方式，由发放贴息贷款转为设立风险基金给金融机构一定的风险补偿或直接补贴到农户，这样可以发挥财政资金的杠杆作用，树立农户的金融意识和风险意识，维护金融市场的正常秩序；优化农村地区金融生态环境，维护农村金融市场交易秩序，为农村金融机构营造公平竞争的市场环境。

9 结　论

本书是在教育部长江学者和创新团队发展计划"西部地区农村金融市场配置效率、供求均衡与产权抵押融资模式研究"（项目编号：IRT1174）、国家自然科学基金"西部农村金融市场开放度、市场效率与功能提升政策体系研究"（项目编号：71073126）、2010年度高等学校博士学科点专项科研基金课题"我国农村小型金融机构试点运行绩效评价与支持政策研究"（项目编号：20100204110030）、国家社会科学基金青年项目"农民专业合作社融资创新理论与实践研究"（项目编号：10CJY043）等课题的阶段性研究成果。选取陕西省农户为研究对象，从宏观上分析陕西省农户借贷的外部金融环境，以微观农户的借贷行为为研究对象，分析影响农户借贷行为的因素，从农户需求和金融机构供给两个角度分析农户借贷供需失衡的原因，主要形成以下研究结论：

1. 提出基于农户金融需求的农村金融发展观。以农村经济主体的借贷需求为出发点构建农村金融体系。认为农村金融问题不仅仅是供给不足，而是缺乏一个能从农户需求角度出发，创造农户与农村金融机构互利双赢的可持续发展的金融制度安排。本书针对仅从农村金融供给视角研究农户借贷的缺陷，从农户信贷需求角度出发，围绕农户借贷行为展开，找出陕西省农户资金借贷的特征，影响其借贷行为的因素及影响农户从信用社借贷的因素，改革区域农村金融体系，以期达到借贷市场上的两个主体——信贷机构金融供给和农户借贷需求相匹配的局面，促进农村金融市场健康稳定发展。

2. 运用金融深度指标和广度指标对陕西省陕南、关中、陕北三大地区的农村金融服务覆盖面进行测算，发现陕西省农村金融发展存在明显的地区差异性。采用格兰杰因果检验和关联度方法实证分析得出陕西省农村金融发展和农民收入增长之间存在着长期稳定的关系，且关联度紧密。短期内农村金融发展对农民增收所起的作用起效慢，长期内农村金融的发展促进了农户收入增长，说明良好的金融外部环境对促进农户借贷行为的重要性。

3. 通过实地调研分析目前陕西省农户借贷行为具有的特征，发现陕西省农户的借贷需求较为普遍，近一半农户有借款意愿。农户借款用途呈多样化特征，生活性借贷占比最大，农户借款具有明显的季节性，借款期限较短。农村信用社是农户借贷的首选渠道，影响农户提出贷款申请的主要因素是成本问题，而农户获得贷款的决定因素是家庭还款能力，农村信用社开展的小额信用贷款业务不被大多数农户了解，大部分农户在借钱时首先考虑的是从亲戚朋友处借，农户超过一半的贷款是从亲朋好友处获得的，且大多数借款是无息的。陕西省农村地区存在民间借贷，但不普遍。正规金融机构是农户存款的首选。

4. 影响农户借贷需求意愿的正向显著因素有家庭常住人口数、是否知道小额信用贷款和是否被信用社评级并授信和农户耕地面积。负向显著因素是农户家庭储蓄余额。农户向非正规金融部门借贷受更多因素的影响，这是因为非正式金融部门往往与农户处于同一区域，对于借款人的各种信息较为了解，从而对于农户的各种相关信息有着敏感反应。是否被授信和耕地面积对农户从正规金融渠道借贷行为和非正规金融渠道借贷行为两个方面均产生正向显著影响。正规金融机构应该增加对农户信息的掌握程度。

5. 通过对陕西省千阳县农村信用社农户借贷行为的典型调查，发现61.7%农户的借贷资金来源于农村信用社，没有来源于四大国有商业银行和其他商业银行的借款，农信社的整体借贷金额水平高于亲友借贷，农信社的借款期限集中在1~2年内。亲友的借款期限较短，资金数额有限，但亲友借贷的期限相对灵活，优于农信社。影响农户从信用社贷款的不利因素有贷款利率偏高，借贷程序较为复杂，需要办理贷款证和找人做担保，农村信用社授信额度有限，不能满足所有农户的需求。农村信用社是农户借贷的主要来源，应进一步挖掘农村信用社的支农潜力。

6. 相对于农户多元化的金融需求，金融供给表现薄弱。八成农户认为正规金融机构没有满足其资金需求，农户贷款难较为普遍。农户信贷供需失衡有金融机构和农户两方面的原因。农户需求多样化与金融机构资源供给单一的矛盾。正规金融机构贷款业务限制较多，削弱了金融组织支持农业的应有力度。农户信贷存在信用风险，部分农户诚信借贷意识淡薄，农户信贷能力不足，农户剩余劳动力流动性特点造成的流动性风险。实现陕西省农户借贷供求均衡的途径是选择政府适度介入，以市场机制为基础的农村借贷市场混合成长模式，政府应该注重在农村金融市场中发挥市场机制配置金融资源的作用，应充分考虑并尊重农户的内生金融需求。

7. 基于以上研究结论，提出以农户借贷需求为导向，促进陕西省农村金融发展的政策建议与对策，认为当前陕西省农村金融领域应以农村信用社改革为主体，构建符合农户借贷特征的多层次农村金融体系，建立农村信贷风险分散机制，创新农村金融产品，加强政府对农村信贷市场的有效干预，提高农村金融机构对农户贷款的支持力度，促进陕西省农户增收和农村经济稳定、持续、快速地发展。

由于时间和精力有限，本书也存在一定的不足。对陕西省农户借贷中非正规借贷行为特征论述的较少，需要在后续研究中予以关注。

附　录

农户金融需求调查问卷

农户基本情况

01. 户主基本情况

其中：户主年龄

（1）30 岁以下　　（2）30～39 岁　　（3）40～49 岁

（4）50～59 岁　　（5）60 岁及以上

户主文化程度

（1）小学及以下　　　（2）初中　　　（3）高中及以上

户主性别　　　　（1）男　　　　（2）女

户主政治面貌　　（1）党员　　　（2）群众

户主是否曾经或现在担任村干部分组　　（1）是　（2）否

农户对银行借贷政策的认知程度

（1）不了解　（2）有点了解　　（3）比较了解　（4）非常了解

02. 2009 年末家庭常住人口数

其中：男性人数

在校学生人数

16 岁以上劳动力人数

03. 劳动力平均年龄

04. 劳动力最高受教育程度

（1）未上学　（2）小学　（3）初中

（4）高中　　（5）中专　（6）大专及以上

05. 2009 年外出务工劳动力人数

06. 2009 年外出务工劳动力累计外出从业时间（月）

07. 主要外出从业地点（按家庭外出务工时间最长劳动力的从业地点填报）

（1）乡外县内　　（2）县外省内　　（3）省外国内　　（4）国外

08. 2009 年末您家实际经营耕地面积多少亩？

09. 2009 年末您家实际经营园地、林地、牧草地、渔业养殖面积多少亩？

10. 2009 年您家的总收入是多少元？

11. 2009 年您家出售农产品的现金收入是多少元？

　　　其中：出售种植业产品现金收入是多少元？

12. 2009 年您家主要收入来源

（1）农业生产经营收入　　（2）非农业生产经营收入

（3）工资性收入　　（4）其他收入

13. 您家属于哪种经营类型的农户？

（1）纯农户　　　　（2）农兼户　　（3）兼农户　　　　（4）非农户

14. 您家主要从事哪种农业生产经营活动？

（1）农作物种植业　　（2）林业　　　（3）畜牧业

（4）渔业　　（5）没有

15. 您家主要从事哪类非农行业生产经营活动？

（1）采矿业　　（2）制造业　　　（3）电力、燃气、水生产及供应业

（4）建筑业　　（5）交通运输、仓储及邮政业　　（6）批发零售业

（7）住宿餐饮业　　（8）居民服务及其他服务业　　（9）其他行业

（10）没有

农户储蓄情况

01. 在本村是否有正规金融机构业务网点？（有村信贷员也算是网点）

（1）有　　（2）没有

02. 您家离最近的银行、信用社、邮政储蓄等业务网点有多少公里？

03. 道路是否能通车

（1）是　　（2）否

04. 您的主要交通工具是

（1）步行　　（2）汽车　　（3）自行车　　（4）摩托车　　（5）步行＋汽车

05. 您家到最近的业务网点需要多少小时？

06. 对现有的钱，存款时选择的机构和处理方式（可多选，按重要性排序）

(1) 存在银行 (2) 存在信用社 (3) 存在邮局 (4) 参与打会

(5) 借给小额贷款组织 (6) 放在家中 (7) 购买债券、股票

(8) 有息借给亲戚朋友 (9) 无息借给亲戚朋友

(10) 买保险 (11) 其他

07. 在银行、信用社、邮政银行等的储蓄，是选择定期为主还是活期为主？

(1) 定期 (2) 活期

08. 2009 年底在银行、信用社或邮政局是否有储蓄存款？

(1) 有 (2) 没有（跳过 C01）

09. 2009 年底储蓄存款水平

(1) 1 000 元以下 (2) 1 000 ~ 3 000 元 (3) 3 000 ~ 5 000 元

(4) 5 000 ~ 1 万元 (5) 1 万 ~ 2 万元 (6) 2 万 ~ 5 万元

(7) 5 万 ~ 10 万元 (8) 10 万元以上

10. 与 2008 年底比较，2009 年底在银行、信用社或邮政局的储蓄存款增减情况

(1) 储蓄存款下降 (2) 增长 1% ~ 10% (3) 增长 10% ~ 50%

(4) 增长 50% ~ 100% (5) 增长 1 ~ 2 倍 (6) 增长 2 倍以上

11. 储蓄是出于哪方面的考虑（可多选，按重要性排序）

(1) 用于以后生活用途 (2) 用于来年购买生产资料

(3) 准备建房 (4) 用于以后孩子上学 (5) 经商

(6) 归还借款 (7) 购买大型家用电器 (8) 看病

(9) 婚嫁

农户从正规金融机构借款情况

01. 您家在生产、生活及其他活动过程中，是否需要从银行、信用社或其他私人渠道借款？

(1) 不需要 (2) 需要（跳问 03）

02. 不需要借款的主要原因（跳问 07）

（1）自有资金已能满足现在的生产生活需要

（2）没有好的发展项目，不需要贷款

（3）没有借钱的习惯，有多少钱办多大事

（4）打工有钱而不用借　　　（5）其他

03. 2009 年期间，是否从信用社、邮政储蓄银行或其他银行得到过贷款？

（1）是（跳问 C07）　　（2）否

04. 未得到过贷款的原因是什么？

（1）没有申请过　　（2）申请过但没有得到（跳过 06）

05. 没有申请过的主要原因（跳问 C07）

（1）担心还不起　　（2）利息及其他成本太高（如请客送礼等），不想借

（3）担心即使申请也贷不到　　　（4）其他

06. 申请过但没有得到的原因？

（1）无抵押或担保而没贷到　（2）没有人缘关系贷不到

（3）太穷不给贷款　　（4）有老贷款没有归还，不给贷　　（5）其他

07. 是否知道农村信用社开展的农户小额信用贷款？

（1）是　　　（2）否（跳问 12）

08. 农村信用社是否对您家进行过信用评级并授予信用贷款额度？

（1）是　　　（2）否（跳过 12）

09. 您家被授予的信用贷款额度是_____元？

10. 在现有担保、抵押条件下，如果允许您借款，您最多想借_____元？

11. 您家是否将信用证借给他人使用过？

（1）是　　　（2）否

12. 您认为从银行、信用社得到贷款最重要的决定因素是什么？（可多选，按重要性排序）

（1）家庭的还款能力　　（2）个人信用　　（3）本村或组的干部担保

（4）有抵押担保　　（5）找到有经济能力的人担保

（6）在信用社有可靠的关系　　　（7）是乡村干部或工薪人士

（8）能够找到有经济能力的人组成联保小组　　（9）不了解

（10）其他

13. 如果您家急需资金时要借款，最愿意选择的借款渠道是

（1）国有商业银行 （2）信用社 （3）邮政储蓄银行

（4）资金互助社 （5）村镇银行 （6）贷款公司 （7）合会

（8）其他金融会 （9）向亲朋或关系户无息借款

（10）向亲朋或关系户有息借款 （11）乡村干部

（12）工商业主 （13）国际项目

14. 若要扩大种植、养殖业规模或是做生意、办企业、资金主要依靠（可多选，按重要性排序）

（1）农村信用社 （2）国有商业银行 （3）邮政储蓄银行

（4）村镇银行 （5）贷款公司 （6）资金互助社

（7）合会（轮会、标会等） （8）亲戚朋友

（9）乡村干部 （10）工商业主 （11）国际项目

（12）自我积累 （13）其他

农户从民间借款情况

01. 本地除银行、信用社、邮储以外，民间是否有其他形式的有组织的（以机构形式存在，或个人放贷者）有息借贷活动？

（1）有 （2）没有

02. 您家 2007—2009 年是否向除正规金融机构以外其他渠道借过款？

（1）与他人发生过无息借贷 （2）与他人发生过有息借贷

（3）借过但没有借到 （4）没有向他人借过款（跳问 01）

03. 不到正规金融机构借款，而通过其他渠道有息借款的原因是什么？（可多选，按重要性排序）

（1）方便、及时 （2）不需要抵押担保 （3）借款额度符合需要

（4）借款期限满足需要 （5）还款灵活、制约小

（6）银行、信用社距离远，不方便 （7）在银行、信用社贷不到款

（8）从银行、信用社得到的贷款不足

（9）利息及其他成本较低 （10）其他

农户资金借出情况

01. 您家 2009 年是否借款给他人？

（1）有 （2）没有（跳问 16）

02. 借出金额_____（元）

03. 您与借款人的关系

（1）亲戚朋友　　　（2）同村关系　　（3）本人所在企业同事

（4）本人所在企业　　（5）朋友介绍的个人　　（6）朋友介绍的企业

（7）个人放款者　　　（8）其他

04. 写借据没有？

（1）有　　　（2）没有

05. 借款期限是_____个月

06. 借款给他人收取利息吗？

（1）有　　　　（2）没有（跳问09）

07. 如果有息，借出利率（借出100元年利息）_____（元）

08. 借款者是否为获得这笔贷款有（请客、吃饭、送礼等）额外花费或做了什么事？

（1）有　　　（2）没有

09. 借款用途是什么？

（1）发展工商业　　（2）看病　　（3）归还其他借款　　（4）购买农资

（5）购买家禽　　（6）孩子学杂费　　（7）红白喜事　　　（8）建房

（9）购置农机　　（10）外出打工　　（11）其他

10. 是否要抵押物？

（1）是　　　　（2）否

11. 要了什么抵押物？

（1）家庭财产中的大件　　（2）牲畜　　（3）房屋　　（4）土地

（5）他人存折　　（6）本人存折　　（7）免抵押　　（8）其他

12. 如不要抵押，是否要保证人保证？

（1）是　　（2）否

参考文献

[1] 蔡四平，张强，罗杨依子. 农村金融组织体系：一种交易费用理论的解释 [N]. 湖南大学学报（社会科学版），2010（7）：58-62.

[2] 常江，郭立宏. 陕西省城乡居民收入差距的实证分析 [N]. 延安大学学报（社会科学版），2005（4）：61-66.

[3] 陈春生. 从陕西城乡收入差距看农村金融的重要性 [J]. 理论导刊，2009（12）：83-84.

[4] 仇芸荣，赵宇，信惠雯. 浅谈新农村构建中发展农村金融服务的重要 [J]. China's Foreign Trade，2011（2）.

[5] 崔凯. 农村土地承包经营权流转中的金融问题研究 [J]. 金融发展研究，2010（8）：60-63.

[6] 丁忠民. 村镇银行发展与缓解农村金融困境研究——以城乡统筹试验区重庆市为例 [J]. 农业经济问题，2009（7）：49-53.

[7] 丁忠民. 农村金融市场成长机制与模式研究 [M]. 北京：中国农业出版社，2009.

[8] 董燕红. 从"金融服务早春行"看金融在新农村建设中的支持作用 [N]. 华南农业大学学报（社会科学版），2006（12）：99-103.

[9] 杜晓山. 农村金融体系框架、农村信用社改革和小额借贷 [J]. 中国农村经济，2002（8）：4-9.

[10] 方金兵，张兵，曹阳. 中国农村金融发展与农民收入增长关系研究 [N]. 江西农业学报，2009（1）：143-147.

[11] 方文豪. 农户资金借贷特征及其影响因素分析. [硕士学位论文]. 杭州：浙江大学，2005.

[12] 费日龙，祝宏辉. 新疆少数民族借贷行为研究 [J]. 西部财会，2012（2）：51-54.

[13] 付俊文. 农村金融创新的现状、问题及对策——以陕西省为例 [J]. 金融理论与实践，2009（7）：57-60.

［14］傅晨，狄瑞珍. 贫苦农户行为研究 ［J］. 中国农村观察，2000 （2）：36－40.

［15］甘少浩，张亦春. 中国农户金融支持问题研究 ［M］. 北京：中国财政经济出版社，2008.

［16］高鑫. 浙江农户林权抵押贷款需求及影响因素分析. ［硕士学位论文］. 杭州：浙江农林大学，2011.

［17］宫建强，张兵. 影响农户借贷需求的因素分析——基于江苏农户调查的经验数据 ［J］. 中国农学通，2008 （5）：501－507.

［18］关颖颖. 农户融资行为与农户收入. ［硕士学位论文］. 成都：西南财经大学，2008.

［19］何安耐，胡必亮. 农村金融与发展——综合分析、案例调查与培训手册 ［M］. 北京：经济科学出版社，2000.

［20］何德旭. 我国金融体制改革 30 年回顾与展望 ［J］. 理论前沿，2008 （5）：26－29.

［21］何广文. 从农村居民资金借贷行为看农村金融抑制与金融深化 ［J］. 中国农村经济，1999 （10）：42－48.

［22］何广文. 金融支农：责无旁贷，现状堪忧 ［J］. 中国经济报告，2006 （2）：91－95.

［23］何广文. 新农村建设的金融投入困境及其政策选择 ［J］. 小城镇建设，2006 （3）：52－56.

［24］何广文. 构建社区导向型新农村建设金融服务机制 ［J］. 西南金融，2007 （1）：8－10.

［25］何亚玲. 甘肃省农村金融发展与农村经济增长问题研究. ［硕士学位论文］. 兰州：甘肃农业大学，2008.

［26］贺莎莎. 农户借贷行为及其影响因素分析——以湖南省花岩溪村为例 ［J］. 中国农村观察，2008 （1）：39－50.

［27］黄宗智. 略论中国农村社会经济史研究方法：以长江三角洲和华北平原为例 ［J］. 中国经济研究史，1991 （3）.

［28］黄祖辉，刘西川，程恩江. 中国农户的信贷需求：生产性抑或消费性——方法比较与实证分析 ［J］. 管理世界，2007 （3）：73－80.

［29］霍学喜，屈小博. 西部传统农业区域农户资金借贷需求与供给

分析——对陕西渭北地区农户资金借贷的调查与思考 [J]. 中国农村经济, 2008 (8): 62 - 67.

[30] 纪淼, 李宏瑾. 我国农村正规金融与农村经济增长的实证分析 [J]. 南方金融, 2007 (8): 20 - 23.

[31] 纪志耿. 效用函数修正视角下的农户借贷行为 [J]. 社会科学辑刊, 2008 (9): 110 - 113.

[32] 蒋难. 农户借贷需求的行为分析及启示——以湖北省 750 家农户调查为例 [J]. 学习与实践, 2009 (2): 68 - 71.

[33] 蒋难. 农户借贷需求行为的经济学分析与实证——以中部某省 750 家农户调查为例 [J]. 金融发展研究, 2009 (5): 78 - 80.

[34] 焦瑾璞. 农村金融理论发展的脉络分析 [J]. 金融纵横, 2008 (1): 4 - 7.

[35] 雷蒙德戈德史密斯. 金融结构与经济发展译本 [M]. 上海: 上海三联书店, 1998.

[36] 李建华. 农村金融, 任重道远 [J]. 中国金融家, 2009 (6): 115 - 117.

[37] 李娟. 基于农户行为的小额信贷风险管理研究 [M]. 成都: 西南财经大学, 2007.

[38] 李林, 张颖慧, 罗剑朝. 中国农村金融发展与农民收入增长关系的实证研究 [N]. 哈尔滨工业大学学报 (社会科学版), 2010 (1): 44 - 50.

[39] 李明贤, 李学文. 对我国农村金融服务覆盖面的现实考量与分析 [J]. 调研世界, 2008 (3): 17 - 21.

[40] 李盼盼. 山东省外出务工农户借贷行为研究. [硕士学位论文]. 青岛: 中国海洋大学, 2008.

[41] 李锐, 李超. 农户借贷行为和偏好的计量分析 [J]. 中国农村经济, 2007 (8): 6 - 16.

[42] 李锐, 李宁辉. 农户借贷行为及其福利效果分析 [J]. 经济研究, 2004 (12): 96 - 104.

[43] 李文华. 影响农户经济状况的家庭因素——来自湖南省临湘市农村的实证研究 [M]. 北京: 中国社会科学出版社, 2005.

［44］李喜梅，王满仓．陕西农村金融发展与农民收入增长的实证分析［J］．陕西教育·理论，2006（4）：27－30．

［45］李延敏．中国农户借贷行为研究．［博士学位论文］．杨凌：西北农林科技大学，2005．

［46］厉留清．欠发达地区不同类型借贷对农户收入影响的实证研究．［硕士学位论文］．南京：南京农业大学，2009．

［47］林毅夫．小农与经济理性［J］．农村经济与社会，1988（3）：31－33．

［48］林毅夫．中国的农业信贷和农场绩效［M］．北京：北京大学出版社，2000．

［49］刘旦．我国农村金融发展效率与农民收入增长［N］．山西财经大学学报，2007（1）：44－49．

［50］刘贵生．非充分竞争条件下农村信用社利率定价研究［J］．西部金融，2008（2）：3－6．

［51］刘金钵，任荣明．我国农村信用社发展的问题与对策［J］．贵州农业科学，2004（3）：85－86．

［52］刘玲玲，李楠，程婉静，汝百乐．破解农村金融困局［J］．中国农村科技，2007（6）：14－15．

［53］刘亦文，胡宗义．农村金融发展对城乡收入差距影响的实证研究［N］．山西财经大学学报，2010（2）：45－52．

［54］罗安邦．农户借贷行为及其收入效果研究——基于贵州省望谟县的实证研究［J］．金融理论研究，2007（2）：73－75．

［55］穆罕影．农村金融 任重道远——陕西银监局局长李建华畅谈陕西农村金融发展［J］．中国金融家，2009（6）：115－116．

［56］牛荣，罗剑朝，孔荣．影响农户借贷行为因素的对比分析——基于陕西省千阳县的实证分析［J］．商业经济与管理，2010（8）：53－59．

［57］牛荣，罗剑朝，张珩．陕西省农户借贷行为研究［J］．农业技术经济，2012（4）：24－30．

［58］牛荣，罗剑朝．陕西省农村经济增长中正规金融支持效果分析［J］．西安电子科技大学学报（社会科学版），2011（1）：75－79．

［59］农业部软科学委员会办公室. 农村金融与信贷政策［M］. 北京：中国农业出版社，2001.

［60］彭克强. 财政支农杠杆效应的实证研究：1987－2007［J］. 统计研究，2008（11）：30－36.

［61］蔡亚诺夫. 农民经济组织［M］. 北京：中央编译出版社，1996.

［62］乔治·恩德勒（Georges Enderle）. 面向行动的经济伦理学［M］. 上海：上海社会科学院出版社，2002.

［63］饶龙先. 简析我国农村正规金融与农村经济增长之间的关系［J］. 商业经济，2009（2）：114－116.

［64］任海烽. 西部农村金融发展与经济增长关系的研究［J］，2009.

［65］盛来运. 农民收入增长格局的变动趋势分析［J］. 中国农村经济，2005（5）：21－25.

［66］史清华，黎东升，郑龙真. 农户家庭储蓄借贷行为的实证分析——以湖北监利县178户调查为例［J］. 四川大学学报（哲学社会科学版），2005（2）：5－12.

［67］史清华，万广华，黄珺. 沿海与内地农户家庭储蓄借贷行为比较研究——以晋浙两省1986—2000年固定观察的农户为例［J］. 中国农村观察，2004（2）：26－33.

［68］史清华，卓建伟. 农户家庭储蓄借贷行为的实证分析——以山西农村203个农户的调查为例［J］. 当代经济研究，2003（8）：52－58.

［69］史清华，卓建伟. 农村居民的储蓄与借贷行为——基于晋鄂豫苏吉5省3年的调查［J］. 学习与实践，2007（6）：40－55.

［70］史清华. 农户家庭经济资源利用效率及其配置方向比较［J］. 中国农村经济，2000（8）：58－61.

［71］宋宏谋. 中国农村金融发展问题研究［M］. 太原：山西经济出版社，2003.

［72］宋洪远. 经济体制与农户行为［J］. 经济研究，1994（8）：23.

［73］宋晓静. 农户融资特征及其影响因素分析. ［硕士学位论文］. 南京：南京农业大学，2008.

［74］孙学敏. 赵昕. 经济不发达地区农户借贷行为的调查研究［J］. 农村经济，2007（8）：61－64.

[75] 田力，胡改导，王东方. 中国农村金融融量问题研究 [J]. 金融研究，2004（3）：125－135.

[76] 万江红. 武汉市农村民间资金互助行为的实证研究 [J]. 学习与实践，2008（6）：113－115.

[77] 汪三贵，朴之水，李莹星. 贫困农户信贷资金的供给与需求 [M]. 北京：中国农业出版社，2001.

[78] 汪婉莉，杨林娟. 甘肃省农户借贷行为的实证研究 [N]. 甘肃农业大学学报，2008（6）：148－152.

[79] 汪婉莉. 农户借贷行为研究. [硕士学位论文]. 兰州：甘肃农业大学，2008.

[80] 汪小亚. 掌握需求特点 改善农户金融服务——基于2万户样本"农户借贷情况问卷调查"的分析 [J]. 中国金融，2009（10）：45－47.

[81] 王爱红. 发展农村金融 促进农村经济增长 [J]. 农业经济，2009（3）：59－61.

[82] 王锋，李芃，王兆华. 陕西省邮政储蓄小额质押贷款分析 [J]. 甘肃金融，2007（5）：56－59.

[83] 王磊玲，罗剑朝. 农村正规金融会抑制经济增长吗？——以陕西为例 [J]. 经济经纬，2011（5）：156－160.

[84] 王曙光. 民间金融规范化试点：勿将草根金融变成盆景金融 [J]. 中国农村信用合作，2006（2）.

[85] 王曙光等. 农村金融与新农村建设 [M]. 北京：华夏出版社，2006.

[86] 王莹，徐璋勇. 我国农村金融发展与经济增长关系的实证分析 [N]. 内蒙古农业大学学报（社会科学版），2008（8）：52－55.

[87] 王志强，孙刚. 中国金融发展规模、结构、效率与经济增长关系的经验分析 [J]. 管理世界，2003（7）：43－46.

[88] 温涛，冉光和，熊德平. 中国金融发展与农民收入增长 [J]. 经济研究，2005（9）：30－43.

[89] 仵洁. 西部欠发达地区农户资金借贷行为研究. [硕士学位论文]. 西安：西北大学，2010.

[90] 仵洁. 陈希敏. 西部地区农户资金借贷行为影响因素研究——

对西部地区 49 个自然村调查结果的实证分析 [N]. 西北农林科技大学学报 (社会科学版), 2010 (11): 7－13.

[91] 西奥多·W. 舒尔茨. 改造传统农业 [M]. 北京: 商务印书馆, 1987.

[92] 徐忠, 张雪春, 沈明高, 程恩江. 中国贫困地区农村金融发展研究. 构造政府与市场之间的平衡 [M]. 北京: 中国金融出版社.

[93] 徐璋勇, 王红莉. 基于农户金融需求视角的金融抑制问题研究——来自陕西 2098 户农户调研的实证研究 [N]. 西北大学学报 (哲学社会科学版), 2009 (9): 47－54.

[94] 许崇正, 高希武. 农村金融对增加农民收入支持状况的实证分析 [J]. 金融研究, 2005 (9): 173－185.

[95] 阳玉香. 促进衡阳低碳经济和城乡一体化发展的农村金融体系创新研究 [J]. 中国市场, 2011 (3): 71－73.

[96] 杨帆, 马艳红. 农村经济增长中正规金融支持的效果分析 [J]. 农业经济问题, 2009 (7): 54－58.

[97] 杨林娟, 张军, 汪婉莉, 柴洪. 甘肃省农户资金借贷实证分析 [J]. 华东经济管理, 2008 (10): 40－43.

[98] 杨雯. 中国农村金融发展与农民收入增长因果关系研究 [J]. 财会研究, 2007 (11): 73－76.

[99] 杨小玲. 改革开放以来农村金融发展对农民收入结构影响的实证分析 [N]. 大连理工大学学报 (社会科学版), 2009 (4): 12－15.

[100] 杨小玲. 农村金融发展与农民收入结构的实证研究 [J]. 经济问题探索, 2009 (12): 71－77.

[101] 杨小玲. 城市化进程与农村金融的协调发展研究 [J]. 金融教学与研究, 2011 (2): 18－22.

[102] 姚耀军, 刘华华. 金融非均衡发展及其经济后果的经验分析 [N]. 华中科技大学学报 (社会科学版), 2005 (4): 75－82.

[103] 叶敬忠, 朱炎洁, 杨洪萍. 社会学视角的农户金融需求与农村金融供给 [J]. 中国农村经济, 2004 (8): 31－43.

[104] 尹志超, 王引, 关颖颖, 张士宵. 农户融资行为与农民收入——基于四川调查数据的分析 [J]. 山东经济, 2011 (3): 113－117.

［105］余新平，熊德平．安徽省农村金融发展与农民收入增长［N］．宁波大学学报（人文科学版），2010（1）：123－127.

［106］余新平，熊晶白，熊德平．中国农村金融发展与农民收入增长［J］．中国农村经济，2010（6）：77－86.

［107］詹姆斯·C. 斯科特．农民的道义经济学：东南亚的反叛与生存［M］．北京：译林出版社，2001.

［108］张改清．农户民间借贷需求影响因素的经验分析——基于河南省的调查［J］．商业研究，2008（7）：174－177.

［109］张杰．中国农村金融制度：结构、变迁与政策［M］．北京：中国人民大学出版社，2003.

［110］张杰．解读中国农贷制度［J］．金融研究，2004（2）：1－8.

［111］张杰．中国农村金融制度调整的绩效：金融需求视角［M］．北京：中国人民大学出版社，2007.

［112］张静．提高陕西农民收入的途径与政策选择［J］．商场现代化，2008（33）：11－20.

［113］张军，杨林娟．甘肃省农户资金借贷现状实证分析［J］．农业技术经济，2008（7）：65－70.

［114］张胜林，李英民，王银光．交易成本与自发激励：对传统农业区民间借贷的调查［J］．金融研究，2002（2）：125－134.

［115］张新民．3800万元扶贫贷款缘何难以到位——来自湖南省安化县的调查［J］．调研世界，2000（3）：36－37.

［116］张雪春．正确考量农村金融需求的"覆盖率"和"满足率"［J］．中国金融，2：72－73.

［117］张雪峰．农户借贷行为影响因素分析．［硕士学位论文］．西安：陕西师范大学，2008.

［118］张颖．农户借贷行为与农村金融支持研究．［硕士学位论文］．上海：上海交通大学，2007.

［119］张正平，何广文．农户信贷约束研究进展述评［J］．河南社会科学，2009（2）：44－49.

［120］赵军军．加快农村金融创新的对策建议［J］．西部金融，2009（12）：83－85.

[121] 赵永红. 金融发展对农民收入增长影响的实证研究 [J]. 江苏农业科学, 2011 (8): 514 – 516.

[122] 赵允迪, 王俊芹. 农户对农村信用社的借贷需求特征及满意度分析——以河北省为例 [J]. 经济论坛, 2012 (8): 103 – 108.

[123] 中国人民银行农户借贷情况问卷调查分析小组. 农户借贷情况问卷调查分析报告 [M]. 北京: 经济科学出版社, 2009.

[124] 中国人民银行武汉分行课题组. 关于金融支持湖北农民增收问题的调查与思考 [J]. 金融研究, 2005 (7): 150 – 162.

[125] 中国社会科学院农村发展研究所金融研究课题组. 农民金融需求及金融服务供给 [J]. 中国农村经济, 2000 (7): 55 – 62.

[126] 钟燕, 周建胜. 广西农村金融创新问题研究 [N]. 广西财经学院学报, 2006 (12): 86 – 89.

[127] 周脉伏, 徐进前. 信息成本、不完全契约与农村金融机构设置——从农户融资视角的分析 [J]. 中国农村观察, 2004 (5): 85 – 86.

[128] 周晓斌, 耿洁, 李秉龙. 影响中国农户借贷需求的因素分析 [J]. 中国农村经济, 2004 (8): 27 – 30.

[129] 朱守银, 张照新, 张海阳, 汪承先. 中国农村金融市场供给和需求——以传统农区为例 [J]. 管理世界, 2003 (4): 88 – 95.

[130] 朱喜, 李子奈. 我国农村正式金融机构对农户的信贷配给 [J]. 数量经济技术经济研究, 2006 (3): 37 – 49.

[131] A general equilibrium analysis of urbanization. University of Adelaide and Flinders University of South Australia, 2002. 164 – 185.

[132] A. V. Chayanov. 1986. The theory of Peasant Economy, Madison: University of Wisconsin Press.

[133] Adams, Dale W. 2002. filling the Deposit Gap in Microfinance. Paper for the Best Practices in Savings Mobilization conference, Washington, DC.

[134] Albert Park, A. 1998. Rural Financial Market Developmemt in China – A report to the World Bank.

[135] Alexander, D. W., Fitchett, D. A. (Eds). 1992. Informal Finance in Low – Income Countries. Westview Press, Boulder, CO.

〔136〕Binswanger, H. P. , Khandker, S. R. 1995. The Impact of Formal Finance on The Rural Economy of India · *Journal of Development Study*, 32: 234 – 262.

〔137〕Burgess, Robin&Panda, Rohini. 2002. Do Rural Banks Matters? Evidence from the Indian Social Banking. Experiment Handbook.

〔138〕Carter, M. R. & Weibe, K. D. 1990. Access to capital and its impact on agrarian structure and productivity in Kenya. *American Journal of Agricultural Economics*, 72: 1146 – 1150.

〔139〕Coelli, T. and Battese, G. 1996. Identification of factors which influence the technical inefficiency of India farmers. Australian Journal of Agricultural Economics, 40: 103 – 128.

〔140〕Coelli, T. and Fleming, E. 2004. Diversification economics and specialization efficiencies in a mixed food and coffee amalholder farming in Papua New Guinea. Agricultural Economics, 31: 229 – 239.

〔141〕Goldsmith R W. 1969. Financial Structure and Development. Yale University Press.

〔142〕Iqbal, F. 1983. The Demand for Funds by Agricultural Households: Evidences from Rural India, *Journal of Development Studies*, 20 (1): 45 – 51.

〔143〕Iqbal, F. 1986. The Demand and Supply of Funds among Agricultural Households in India, in Agricultural Household Models: Application and Policy, editors Singh, Squire and Strauss, World Bank Publication, John Hopkins University Press, Baltimore and London.

〔144〕K. Polanyi etc. (eds). 1957. Trade and Market in the Early Empires: Economics in History and Glencoe, I11. Free Press.

〔145〕Khandker, S. R. , 1988. Fighting Poverty with Microcredit: Experience in Bangladesh. Oxford University Press, NewYork.

〔146〕Levine Ross. 2003. More on finance and growth: more finance, more growth? Federal Reserve Bank of ST. *Louis Review*, 85 (4): 31 – 46.

〔147〕Long, M. G. 1968. Why peasant's farmers borrow? *American Journal of Agricultural Economics*, 50 (4): 76 – 81.

［148］Louis Uchirhlle. 2001. Some Economists Call Behavior a Key . The New York Times.

［149］McKinnon, R. 1973. Money and Capital in Economic Development, Brooking institute. Washington.

［150］Pischke, Adams, Donald. 1987. Rural financial markets in developing countries. The Johns Hopkins University Press.

［151］Pitt, M. M. , Khandker, S. R. 1996. Household and Intra - household Impact of The Grameen Bank and Similar Target Credit Programs in Bangladesh. World Bank Discussion Paper, 320. Washington, DC.

［152］Pitt, M. M. , Khandker, S. R. 1998. The Impact of Group - based Credit Programs on Poor Household in Bangladesh: Does The Gender of Participants Matter? *Journal of Political Economics*, 106 (5): 958 - 996.

［153］S. Popkin. 1979. The Rational Peasant: the Political Economy of Rural Society in Vienam. University of California Press.

［154］Sarmistha Pal. 2002. Household sectoral choice and effective demand for rural credit in India. Applied Economics, 9 (34): 1743 - 1755.

［155］Sendhil Mullainathan & Bichard Thaler. 2000. Behavioral Economics Working Paper, 00 - 27.

［156］Shaw, E. 1973. Financial Deepening in Economic Development. Oxford University.

［157］Stiglitz, J. E. and A. Weiss. 1981. Credit Rationing in Markets with Imperfect Information, American Review, 71 (3): 393 - 410.

［158］TimothyBesley. 1994. How Do Market Failures Justify Interveniions in Rural Credit Markets? World Bank Research Observer, 9 (1): 27 - 48.

［159］Turkey, C. G. , Kong, R. and Huo, X. X. 2010. Borrowing amongst friends: the ecnomics of informal credit in rural China Agricultural Economics Review, 2 (2): 133 - 147.

［160］Yaron Jamb. 1992. Successful Rural Finance Institutions. World Bank Discussion. 150.

后　记

　　本专著是在我的博士学位论文基础上修改完成的，并得到教育部 2011年度"长江学者和创新团队发展计划"创新团队项目（项目名称：西部地区农村金融市场配置效率、供求均衡与产权抵押融资模式研究，2012.1—2014.12，项目编号：IRT1176）资助得以正式出版。

　　在博士学习结束之际，回首多年来的工作和求学之路，无限感慨涌上心头，由衷地感谢陪我一路走来的人，如果没有你们的帮助，我是很难完成我的学业的！首先我要由衷地感谢我的导师罗剑朝教授在我学习和工作各方面给予的极大帮助。罗老师的宽容、理解和鼓励给我信心和勇气，在专业学习和论文写作方面的方向性指导，使我最终静心完成博士论文的写作。导师以其厚重的人格魅力，慎思明辨、诲人不倦的学术精神以及渊博的学识深深地影响了我，令我终身受益，师恩如海，铭记一生！同时，感谢师母张老师给予我生活上无微不至的关怀！还要深深感谢我的联合培养博士合作导师尹润生教授，在我在美国密西根州立大学学习期间在学业和生活上给予我的关怀和帮助！

　　非常感谢经济管理学院的霍学喜教授、郑少锋教授、李录堂教授、姚顺波教授、贾金荣教授、杨立社教授、吕德宏教授、王静教授、姜志德教授、赵敏娟教授、陆迁教授、朱玉春教授、王征兵教授、李世平教授、王礼力教授、孔荣教授，他们的授课和学术研究使我受益匪浅。感谢李桦副教授和郭亚军副教授对我论文撰写和修改提供的帮助。由衷地感谢经管学院办公室的丁艳芳老师、白晓红老师和王军智老师给予我的许多帮助，还有资料室的冯西平老师、刘霭老师和贺世芳老师给予我查阅论文资料的许多便利。

　　感谢我的师兄弟姐妹及同学所给予的帮助和关心，他们是李嘉晓、满明俊、徐敏、武晓明、王磊玲、于转利、曲晓刚、杨峰、张云燕、房启明、张珩、王佳楣、王芹等。在与他们相处交流中，深深感受到了罗老师这个大家庭的快乐！

最后，我要感谢我的家人。父母是我稳固的大后方，帮我带孩子、做家务，默默无闻、无怨无悔。"谁言寸草心，报得三春晖。"我深感父母之爱的无私和伟大！感谢丈夫的关心、理解和帮助，在我们一起前进的困难日子里，能忍受我的坏脾气，包容和安慰我，一路相随，深感此生有缘！孩子是我的骄傲，你们的表现是我最大的成绩！在你们与我一起成长的日子里，妈妈收获最大的是你们的快乐！

感谢在百忙之中评审我博士学位论文的各位专家和学者！

感谢所有认识我、帮助过我、支持过我和理解过我的人们！

最后，感谢母校和家乡对我的培养！

牛　荣
二〇一五年三月十八日于陕西杨凌